Shakti Morgane

Verwurzelt sein im ‚Alten Pfad'

Verwurzelt sein im ‚Alten Pfad‘

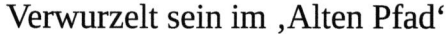

Ich bin alles, was gewesen ist und ist und sein wird, und kein Sterblicher hat meinen Schleier gelüftet.

(Göttin Isis)

Shakti Morgane „Verwurzelt sein im ‚Alten Pfad'"

© 2023 Shakti Morgane
Autorin: Shakti Morgane (Pseudonym)
Verlag: BoD · Books on Demand GmbH,
In de Tarpen 42, 22848 Norderstedt, bod@bod.de
Druck: Libri Plureos GmbH, Friedensallee 273,
22763 Hamburg
ISBN: 978-3-7693-2773-1

4. Auflage

Titelbild: Pixabay.com, bertythul
Bild S. 33: Pixabay.com, Victoria Borodinova;
Bild S. 78: Daniela Incoronato
www.booklands.de

Inhaltsverzeichnis

Der 'Alte Pfad'

In grauer Vorzeit verehrte man die Natur in Form der Großen Göttin.

In der griechischen Mythologie *tanzt die Göttin wild in der Finsternis, bis sich Ophion, die große Schlange, hinter ihr erhebt. Sie ergreift die große Schlange, die sich mit ihr paart. Sie wird schwanger und gebiert das Licht.* (von Ranke-Graves)

Diese Szene verdeutlicht wie Bewusstsein (*Licht*) geschaffen wird, eben ganz genauso wie neues Leben beim sexuellen Akt mit dem Körper, der sich in einen Rhythmus einschwingt, geschaffen wird. Die Schlange steht in dieser Szene stellvertretend für die Seele und die Seele kommuniziert mit uns über unseren Körper. Der griechische Schöpfungsmythos versinnbildlicht: wenn wir uns mit unserem Körper in einen Rhythmus einschwingen, haben wir die Möglichkeit im Körper zu 'sehen'. Was gibt es zu sehen? Es geht um die Erkenntnis der seelischen Bedürfnisse! Wem die Seele darüber hinaus als 'göttlicher Funke' gilt, der kommuniziert via Körper mit seiner Göttin/ Gott/Geist. Deshalb *ist für Hexen* (Anhänger des 'Alten Pfad') *Tanzen eine religiöse Erfahrung.* (Langwasser)

Eine Hexe verfügt über eine spezielle Kraft, die ihr hilft zu siegen, wenn sie glaubt, dass die Situation ausweglos ist. Castaneda nennt diese Kraft das ‚Nagual', die alten Ägypter nannten sie ‚Heka'. Die Hexe praktiziert ihre Religion, um diese Kraft zu pflegen und zu kultivieren, indem sie sich an bestimmten Tagen im Jahr durch Tanz mit dieser Kraft – mit ihrer Göttin, verbindet. Der Tanz erhöht die Schwingungsfrequenz des Körpers und das hilft die Aura zu stärken und negative Gemütszustände durch Ich-Transzendenz aus dem Alltag ('Tonal') zu verbannen.

Alle Ungerechtigkeiten im Kräftefeld der sozialen Beziehungen und Ungleichgewichte in persönlichen Beziehungen lassen den Schatten hervortreten. Der Schatten ist die sichtbare Trennung von Körper und Geist, ist die Verschiebung des 'Montagepunkts' (Castaneda).

Entsprechend leiten alle Ungleichgewichte die Trennung von Körper und Geist ein und blockieren die Lebensenergie, was bis hin zum Tod (die endgültige Trennung) gehen kann. Blockierte Lebensenergie nimmt eine Form von Stillstand, Erstarrung, Schwere, völlige Finsternis an. Aber die Göttin regiert die Finsternis. So wie sich nach dem Gesetz der Göttin das Licht in der Dunkelheit regeneriert, regeneriert sich der Geist des Menschen in der Gefühlswelt des Körpers, im Unterbewusstsein, im Schlaf, im Traum. Das Versenken ins Innere der Gefühlswelt des Körpers per Traum, Rhythmus, Meditation oder mittels der Befragung des Orakels ermöglicht das Sehen des Wirkungszusammenhangs der Kräfte, die hinter den Dingen stehen, um sich dann richtig, im Einklang mit der eigenen Mitte, mit der ausgleichenden Kraft, der Göttin Ma'at, verhalten zu können. Die richtige Entscheidung kann man körperlich als Leichtigkeit, Entspannung bzw. innere Ruhe, inneren Frieden spüren. Ein neuer Energiezustand hat sich spürbar eingestellt. Deshalb verehren wir in der Großen Göttin die universelle Lebensenergie. Das Manifest der Großen Göttin würdigt die spirituellen Naturkräfte und hat nach meiner Offenbarung folgenden Inhalt:

Ich bin die große Göttin (das Tao, die Ma'at), die das All geschaffen hat. Ich bin die Herrscherin über Licht und Finsternis.
Die Materie ('der Teufel')
mit ihren Gegensätzen, Kreisläufen und Konflikten ('Dämonen')
ist mir untertan und mir gehört Deine unsterbliche Seele.
Wann immer Du mich anrufst und um Hilfe bittest, werde ich Dir beistehen.
Darum verzage nicht und gehe mit Zuversicht Deiner Wege.
Denn ich bin es, was am Anfang war und was am Ende erreicht wird.

Göttinnen und Götter

Es gibt mindestens ebenso viele Göttinnen und Götter wie es Völker auf der Erde gibt. Mir ist unter anderem aufgefallen:

Kali besiegt alle Dämonen.

Isis macht alles wieder heil.

Christus befreit uns von unseren Sünden.

Was sagt uns das?

Die Göttinnen und Götter sind alle große Geistheiler. Deshalb ist es völlig egal welche Gottheit wir verehren. Alle diese Religionen sind nur verschiedene Wege zu dem selben Ziel: Heilung durch den Geist.

Deshalb muss man den Göttinnen und Göttern auch nicht opfern, um sie wohlgesonnen zu machen, damit sie unsere Wünsche erfüllen. Das wäre die falsche Auffassung von Götter-/Göttinnen-Verehrung. Stattdessen sollen wir von ihnen lernen, wie man sich seine Wünsche mit ihrer Hilfe selbst erfüllt.

Wenn wir ihnen nachstreben, dann können wir zum Beispiel von ihnen lernen wie wir uns selbst durch unseren Geist heilen können. Genau deshalb sind wir auf diesem Planeten inkarniert, um zu lernen wie wir unseren Geist benutzen und soweit stärken können, dass wir uns selbst heilen können. Heilung und Harmonie gehört zur Natur dieses Planeten und somit auch zu unserer eigenen Natur.

Buddhisten nennen diesen Weg des Lernens: ‚Weg der Erleuchtung‘. Für mich ist das der Weg der Selbstwirksamkeit, der Weg der Magie.

Als Lenin vor ca. 100 Jahren sagte: ‚Religion ist Opium fürs Volk‘, hat er den Menschen absichtlich diesen Weg der Selbstwirksamkeit versperrt, um seine eigene Doktrin des wissenschaftlichen Sozialismus an dessen Stelle zu setzen und sich selbst an die Stelle der Göttinnen und Götter. Die Diktatur des Proletariats ist nichts anderes als die Herrschaft einer einzigen Partei über die Köpfe und somit die geistige Vielfalt der Menschen. Das ist aber Reduktion. Der Mangel ist vorprogrammiert.

Die bei uns derzeit praktizierte Pharma-Willkür ist auch nichts anderes. Eine einzige Instanz will in diesem Fall im Namen der Gesundheit das Leben aller Menschen bestimmen. So etwas ist in Deutschland im GG aber nicht vorgesehen[1], denn das wäre die Vergewaltigung des der menschlichen Natur innewohnenden Strebens nach Selbstbestimmung und Selbstwirksamkeit[2] durch freie Entfaltung im Leben zum Zwecke der Vervollkommnung der geistigen Kraft im Sinne der Erfüllung der eigenen Natur.

Dieses Streben ist aber gleichzeitig auch eine unabdingbare Voraussetzung für das Gelingen von Magie und Kreativität.

---

1   Deshalb wurde das GG extra von der Bundesregierung am 10.12.2021 entsprechend eingeschränkt.
    Bundesgesetzblatt Jahrgang 2021 Teil I Nr. 83
2   Die Begriffe ‚Selbstbestimmung' und ‚Selbstwirksamkeit'
    werden oft mit dem Begriff ‚Willkür' verwechselt, was
    aber etwas vollkommen anderes ist.

Göttinnen und Götter im Volksglauben

Im aus dem Mittelalter überlieferten europäischen Volksglauben sind Göttinnen und Götter die Ur-Mütter und Ur-Väter der jeweiligen Völker, die zu Lichtwesen wurden und auf der geistigen Ebene mit den jeweiligen Völkern verbunden blieben und weiterhin bleiben.

Das legt nahe, dass die Göttinnen und Götter einst Menschen waren, die auf diesem Planeten weilten und noch immer über die jeweiligen Völker, zu denen sie einst gehörten, wachen. Die alt-ägyptische Religion ist hierfür das beste Beispiel. Die auf Erden wandelnden Pharaonen wurden mit ihrem Tode vergöttlicht. Aber auch jeder normale Sterbliche konnte, dieser Religion zufolge, unter bestimmten Bedingungen unsterblich und zum Lichtwesen werden.

Entsprechend haben Göttinnen und Götter eine Heil- und Hilfsfunktion für die Lebenden. Hier eine kleine Auswahl der wichtigsten Göttinnen und Götter in alphabetischer Reihenfolge[3]

Apollo, der griechische Sonnengott, ist für die Augen zuständig.

Baba Yaga, die slawische Waldgöttin, kommt bei schweren Erkrankungen und Frauenleiden infrage.

Baubo verhilft zu Humor in schwierigen Lebenslagen.

Brigida hilft, die Ursache bei wiederkehrenden Beschwerden zu finden.

Cernunnos zeigt den richtigen Weg bei Ratlosigkeit und Unsicherheit.

---

3   Vgl. Claire, Magische Heilkunst

Cerridwen heilt durch die Ernährung.

Diana (Bastet, Artemis) sorgt für die nötige Energie, um das Beabsichtigte in die Tat umzusetzen.

Die Dreigestaltige Göttin hilft dabei, das Schicksal zu wenden.

Freya hilft, wenn man nicht weiß, wie es weitergehen soll und heilt das ‚innere Kind'

Hekate, als Herrscherin über die Wegkreuzungen und Weggabelungen, hilft gegen Dämonen und warnt vor dem ‚Holzweg'.

Frau Holle, die weiße Göttin, ist ohnehin eine Göttin der Heilung und bestimmt neben dem Wetter auch über Werden und Vergehen, Geburt und Tod.

Isis, die ägyptische Göttin, ist eine allgemeine Schutzgöttin. Wenn man sich regelrecht zerschlagen und ohnmächtig fühlt, ist sie eine gute Wahl.

Maria, die christliche Mutter Gottes, tröstet die Menschen in ihrem Kummer.

Osain bzw. Oshun (Fortuna, Lakshmi, Gaia, Felicitas) ist die Gottheit der heilspendenden Süßwasser der Erde. Sie heilt alles, was wieder in Fluss kommen muss wie z.B. Blockaden im Körper und bringt Energie zum Fließen. Sie gilt als Glücksgöttin, als Quelle für Reichtum.

Sara la Kali, die Göttin der Roma, schützt die Unschuldigen in ihrer Not.

Mami Wata (Aphrodite), die Göttin des Meeres, hilft bei emotionalen Verstimmungen wie Einsamkeit, Traurigkeit, oder das Gefühl der Verlassenheit.

Darüber hinaus gab es im Mittelalter neben Göttinnen und Göttern noch eine Vielzahl anderer magischer Wesen, die unseren Vorfahren zu Hilfe kamen. Zu nennen sind z.B.: *Elementargeister* – von ihnen erhält man Hilfe, indem man je nach dem Element, das der Krankheit zugeordnet wird, Speisen und Getränke opfert.

Hausgeister – wie z.B. Heinzelmännchen, Kobolde, Kröten, Schlangen. Sie wohnen mit den Menschen unter einem Dach und hüten die Gesundheit der Bewohner. Wenn man eine Pechsträhne hat, oder nichts so recht gelingen will, wendet man sich an sie. Man opfert ihnen mit Milch, Honig, Tee, Wein, Schnaps, damit sie wieder Glück bringen.

Feen – verleihen Heilfähigkeit und entziehen sie auch wieder. Von ihnen bekommt man auch des Zweite Gesicht, jene Fähigkeit, das Verborgene zu sehen. Sie sind bei der Geburt und beim Tod eines Menschen anwesend.

Schutzgeister/-engel – helfen ihren Menschen in brenzligen Situationen. Sie werden zuhause mit Kerzen, Blumen, Düften und einer Schale Wasser in einer Engelsecke geehrt.

Selbstverständlich gibt es aber in der Landschaft zu allen Zeiten auch noch die *dunklen Geister,* die einem schaden können, wenn man sich vor ihnen nicht instinktiv in Sicherheit bringt. Im Taoismus werden sie als Shar Chi bezeichnet.

Wichtige Heilkräuter

Außerdem sprach man noch bis vor ca. 2500 Jahren der gesamten Flora und Fauna auf Erden einen Spirit/Geist zu und verband sich mit diesem zwecks Heilung und zu magischen Zwecken. Aber auch der gesamte Planet Erde galt als heilig und als Lebewesen. Archäologen fanden überall in Europa kleine Muttergöttinnen-Statuetten, die die Menschen in archaischer Zeit zwecks spiritueller Verbindung mit Mutter Erde im Rahmen eines Sympathiezaubers, von dem man die Fruchtbarkeit und lebensspendende Kraft der Erde erwartete, in ihr vergraben hatten.

Insbesondere Pflanzen wurden als Heilkräuter und für magische Zwecke verwendet. So waren z.B. in Europa u.a. die folgenden Pflanzen lange bekannt und werden bis heute in der Naturheilkunde eingesetzt[4]:

Angelika (Engelwurz) – dient als Tee bei Husten, Erkältung und gegen angehexte Krankheiten; stärkt die Seelenkraft.
Anis – hilft als Tee bei Erkältung, gegen Albträume und den Bösen Blick, ist eine Pflanze für Lebensfreude und mehr Genuss. Fördert die Hellsicht.
Baldrian – hilft als Tee bei Schlafstörungen und Ängsten, wirkt entspannend und hilft gegen das ‚Böse'.
Basilikum – die Blätter bei leichter Depression und für Glück essen.

---

4   Vgl. Claire, Magische Heilkunst

Beifuß (Artemisia Vulgaris) – hilft als Tee gegen Krankheitsgeister, hilft der Verdauung. Wenn man abgespannt ist, bringt er neuen Schwung.

Birke – Blätter als Tee zur Reinigung, Entgiftung, für Niere und Blase, als Badezusatz und für Haarwasser verwenden.

Brennessel – als Tee ist sie ein Stärkungsmittel, kann als Gewürz in der Küche verwendet werden und als Haarwasser. Gilt als Reichtumskraut in der Magie.

Dost, Majoran, Oregano – Küchengewürz. Hilft gegen Schwermut, ist krampflösend. Zusammen mit *Dill* verwendet, stärkt es die eigene Macht. Hilft als Räucherung gegen Negativität.

Eiche – Eichenrinde ist zum Räuchern geeignet. Als Tee wirkt sie stärkend auf den Organismus.

Frauenmantel und *Schafgarbe* – wird für die weiblichen Unpässlichkeiten verwendet; zusammen mit *Hirtentäschel* als Regeltee; zusammen mit *Melisse* in den Wechseljahren. Schafgarbensalbe hilft bei Gelenkschmerzen.

Holunder – hilft als Tee bei Erkältung, Fieber, Blasen- und Nierenleiden. Hilft emotional bei tiefen Einschnitten im Leben. Ist der Göttin Holle gewidmet.

Johanniskraut – hilft als Tee und Öl gegen Depressionen und bei Pechsträhnen, Verhexungen.

Kamille – als Tee zur Entspannung und für die Verdauung; als Tinktur in Hautcremes; Kamillenblüten zum Räuchern; Kamillendampfbad bei Scheidenpilz-Infektionen.

Kletten-Labkraut – als Tee, Salbe oder Spülung bei Juckreiz, gegen Herpes; zur Reinigung und Stärkung des Körpers.

Lavendel – zur Entspannung als Tee, als Öl in der Duftlampe; Duftkissen gegen Motten; Blüten gegen Ameisen verstreuen.

Lindenblüten – ist als Tee entspannend und stärkend; hilft gegen Bluthochdruck und Kummer.

Löwenzahn – als Tee für die Leber, für den Stoffwechsel, gegen ‚Kater‘ und Stagnation.

Minze – als Tee gegen Abgespanntheit, Stress; Minzöl gegen Erkältung, Kopfschmerz.

Ringelblume – als Tee und Salbe für die Haut.

Rosmarin – als Tee für die innere Mitte (nicht bei Bluthochdruck); Schwellenpflanze für Übergangssituationen, Haarwasser.

Salbei – als Tee bei Erkältung, Husten, Kratzen im Hals; Räuchern gegen alles Negative.

Schlüsselblume – gegen Nasennebenhöhlen-Katharr; als Tee gegen Niedergeschlagenheit.

Schöllkraut – als Tinktur gegen Warzen (nur äußerlich anwenden).

Thymian – als Tee bei Erkältung, Husten; für den Stoffwechsel; bei Rheuma; Reichtumskraut in der Magie.

Wallnussblätter – als Tee gegen innere Entzündungen, reinigt den Darm; bei Hautproblemen.

Weißdorn – Zauber abwehrend; Wohnort der Feen; als Tee herzstärkend, stabilisiert den Kreislauf; zusammen mit Lindenblüten gegen Liebeskummer.

Zinnkraut – als Tee (15 Min. köcheln lassen) für die Nieren, für das Bindegewebe, Haut, Haare, Nägel. Er nimmt den Druck.

Das Hexeneinmaleins

Der Dichter Goethe, der im 18./19. Jh. lebte und sich besonders zu Magie und Mystik hingezogen fühlte, hat in seinem Werk ‚Faust' das Problem des Schwindens der Lebenskraft thematisiert. Damit es nicht dazu kommt, erhält Faust von der Hexe die Regel für die richtige Lebensweise in Form des Hexeneinmaleins übermittelt.

„Du mußt verstehn!
Aus Eins mach' Zehn,
Und Zwei laß gehn,
Und Drei mach' gleich,
So bist Du reich.
Verlier' die Vier!
Aus Fünf und Sechs,
So sagt die Hex',
Mach' Sieben und Acht,
So ist's vollbracht:
Und Neun ist Eins,
Und Zehn ist keins.
Das ist das Hexen-Einmal-Eins!"
(Goethe, Faust)

Man deutet das Hexeneinmaleins oft als magisches Zahlenquadrat, dessen Summen jeweils 15 ergeben. Wobei nicht klar ist, was dieses Zahlenquadrat im Hinblick auf Faust's Problem für einen Sinn haben soll. Was war noch gleich das Faust-Problem? Verjüngung? Das ist reichlich verharmlosend ausgedrückt. In Wirklichkeit heißt das Faust-Problem: Drohender Verlust der Seele und Schwächung des Geistes/Willens, der Lebenskraft.

Die Auflösung des Rätsels gelingt, wenn man das Große Arkanum des Tarot benutzt. Aus Lebensrätsel wird dann eine Lebensregel. Hier die Zusammenfassung der Deutung in meinem Buch: "Die Richtung der Kraft - Familienrepräsentation mit Tarot & Tarot. Der Schlüssel zur Magie", Seite 100:

"... Du beherrschst das Schicksal (Verhängnis/ Schatten) und erfüllst damit den Sinn deines Lebens, indem du deiner Natur entsprichst, dein Ziel im Auge behältst, dich nicht vom Streben nach Macht und Sicherheit um jeden Preis ablenken lässt, sondern aus deiner Erfahrung und mit deinen Möglichkeiten für das Gleichgewicht in deiner Welt sorgst. – Dann handelst du weise wie ein Magier, denn auf die Entscheidung im Einklang mit der Kraft, die ausgleicht kommt es an."

Erfolgreiche Magie beruht demnach auf einem Handeln im Einklang mit der Kraft, die ausgleicht. Eine ausführliche Anleitung wie man mittels Tarot in Einklang mit der Kraft, die ausgleicht kommen kann, habe ich ebenfalls im o.g. Buch beschrieben. Eine Kurzanleitung findet sich hier im Buch im Kapitel ‚Orakel'.

Das Kapitel ‚Zaubersprüche und Rituale' hier im Buch ist auf die magische Erfassung des gewünschten Ziels in der Praxis der ‚niederen Magie' ausgerichtet, was die intuitive Erkenntnis des richtigen Weges, die richtige Entscheidung, bereits voraussetzt.

Selbstermächtigung

Von der modernen Wissenschaft wird den Menschen der individuelle Besitz von Geist und Seele in Abrede gestellt. Aber wir wissen es besser, denn Wissenschaft wird größtenteils schon lange nicht mehr nur im Erkenntnisinteresse sondern hauptsächlich im Lenkungsinteresse betrieben. Deshalb will man uns im Namen der Wissenschaft vorschreiben, was wir zu tun haben und was für uns gut ist. Aber niemand hat uns etwas vorzuschreiben, denn wir sind Kinder des Universums genau wie alle anderen Lebewesen auf diesem Planeten. Wir haben ein Recht hier zu sein und uns frei zu entfalten. Wer uns etwas vorschreiben will, im Namen von was auch immer, der erhebt sich über uns, verhält sich anmaßend und macht uns unser Existenzrecht streitig. Das können wir nicht zulassen, wenn wir leben wollen.

Leben, Liebe, Freude, Licht
sind alles dasselbe.
Wer weiß das nicht?
Der kann es sich jetzt denken
und damit sein Schicksal
in eine neue Richtung lenken.

Zeitreise

Wie es scheint sind wir in der historischen Zeitspirale auf neuem Niveau wieder am Übergang vom Spätmittelalter zur Neuzeit angekommen. Das Imperium der Kleptokratie hat im Frühjahr 2020 zugeschlagen. Es hat aus der jährlichen Grippe einen Popanz gemacht, um die Menschenmassen in Angst und Schrecken zu versetzen, damit man ihnen umso leichter 'Brot und Spiele' wegnehmen kann. Der neue

Pandemieglaube dient dazu, die Massen durch 'Ablasshandel' abzukassieren: Wer 'Brot und Spiele' zurück haben will, so wird versprochen, muss sich freikaufen (Apps, Impfung, Testung, Immunitätsausweis etc.). Allen, die den Pandemieglauben nicht annehmen wollen droht die 'Inquisition' mit Verfolgung (Verschwörungstheorie, Spinner, Gefährder etc.).

Aber, was die Pharmaindustrie nicht wissen will: "Gesundheit kauft man nicht im Handel. Sie liegt im Lebenswandel." (Karl Kötschau) Der Mensch ist keine Maschine. Er besteht aus Körper, Seele und Geist. Der Körper ist der Tempel des Geistes und unterliegt den natürlichen Bedingungen auf dem Planeten Erde. Dazu gehört, dass Viren und Bakterien überall sind, in uns und um uns herum. Aber unser Geist bestimmt unseren Körper. Er entscheidet, ob sich Viren in unserem Körper vermehren können und uns krank machen oder nicht. Von der Kraft unseres Geistes hängt es ab, ob wir krank werden. Unser Geist bestimmt, ob wir immun sind gegen Bakterien und Viren und nicht die Pharmaindustrie. Wenn wir jedoch krank werden, ist unser Geist zu schwach. Oder anders ausgedrückt: Krankheit ebenso wie Gesundheit beginnt im Geiste. Von unserem Lebenswandel wiederum hängt es ab, ob unser Geist stark oder schwach ist.[5]

5 Der Arzt Claude Bernard bewies diesen Sachverhalt dadurch, dass er absichtlich ein Glas Wasser mit Cholerabakterien trank, aber nicht erkrankte, weil sein Lebensstil ein gesundes ,inneres Millieu' im Körper beinhaltete. - Er wusste was er tat und hatte einen starken Geist. Keinesfalls nachmachen!

Damit ist das Geschäftsmodell der Pharmaindustrie hinfällig. Entsprechend aggressiv versuchen sie mit ihrer kriminellen Marketingstrategie, bei der die Regierungen der Welt mit einbezogen werden, ihre Produkte zu verkaufen, indem sie die Menschen u. a. mittels Indoktrination zwingen wollen, sie ihnen abzunehmen. In Wirklichkeit ist die Pharmaindustrie aber genauso wenig an der Gesundheit interessiert wie die Waffenindustrie am Frieden.

Um dem Verhängnis (in diesem Fall der ideologischen Gehirnwäsche durch Scharlatane/Schwarzmagier) zu entgehen, leisten wir Widerstand und rufen in Zeiten der Unsicherheit das Universum, die universelle Lebenskraft, die Große Göttin zu Hilfe.

Für magische Unterstützung, wenn du z. B. deine Selbstsicherheit verloren hast, sprich voller Vertrauen dreimal:

Ich rufe all meine Kraft zu mir zurück.
Ich bin ein magisches Wesen, zum Glück.
Altes Wissen aus ferner Zeit
erleuchtet mich und macht mich gescheit.
Die Große Göttin steht mir bei.
Das ist mein Wille, auf dass es so sei.

Lady Gwen Thompson sagt in der Wiccan-Rede: „*Wenn Missgeschick regiert dunkle Tage, auf deiner Stirn einen Stern dann trage.*" Damit plädiert sie für die Stärkung der Kraft des eigenen Geistes (Stern). Ebenso steht es in der Desiderata, der Inschrift in der alten St. Paul's Kirche, Baltimore von 1692: „*Stärke die Kraft des Geistes, damit er dich bei plötzlich hereinbrechendem Unglück schütze.*"

Persönliche Kraft entwickeln

Zur Entwicklung der persönlichen Kraft bzw. der Kraft des eigenen Geistes müssen wir zuerst unsere Gehirnhälften synchronisieren. In der Regel ist die linke Gehirnhälfte stärker entwickelt als die rechte, da wir von Geburt an auf das logische, lineare Denken ‚getrimmt' werden. Alle schöpferischen Tätigkeiten und künstlerischen Beschäftigungen wie das Malen, Dichten, Musizieren, Tanzen, Entwerfen, Basteln, Fantasieren, Komponieren, Konstruieren etc. führen zur Stärkung der geistigen Kraft bzw. zur Synchronisierung des Gehirns

Fange damit an, deine persönliche Geschichte kreativ als Märchen aufzuschreiben. Frage dich zuerst, was du dir sehnlichst wünschst aber im Moment nicht weißt wie du es erreichen sollst. Ist es Geld, Liebe, Freunde, Familie oder Schlankheit, Schönheit, Durchsetzungskraft, etc.? Was ist dein Problem? Formuliere dein Problem.

Beispiel einer Problemformulierung für den Wunsch nach Liebe:

> Ich bin so allein. Mein Mann interessiert sich nicht mehr für mich. Für meinen Sohn bin ich die Köchin und Putzfrau. Immer wenn ich darüber sprechen will, hört mir keiner zu. Was soll ich nur tun?

Daraus wird ganz kreativ eine Märchenvariante gemacht. Für den Abstand zum eigenen Selbst ist es wichtig in der dritten Person zu schreiben, gewissermaßen aus der Vogelperspektive, etwa so:

> Die Königin saß in ihrem Schlafzimmer und dachte an vergangene Zeiten. Einst hatte sie einen tapferen Ritter geheiratet und zum König gemacht. Sie wohnten in dem Schloss, das sie von ihrem Vater

geerbt hatte und bekamen einen Sohn, der als einziges Kind von allen verwöhnt wurde. Alle waren glücklich. Doch dann wurde der König immer mehr von allerlei Staatsgeschäften in Anspruch genommen und verlagerte seinen Lebensmittelpunkt in gesellschaftliche und politische Bereiche hinein. Er hatte kaum noch Zeit für seine Familie. Der Prinz wuchs heran und strebte seinem Vater nach. Die Königin, seine Mutter, hatte er gern, jedoch begriff er nicht, was für ein Glück er hatte und dass es durchaus nicht selbstverständlich war, eine Mutter zu haben, die immer für einen da war.

Doch eines Tages blickte die Königin aus dem Schlafzimmerfenster im Schlossturm und da sah sie wie unten am Fluss im hellen Sonnenschein fahrendes Volk in Wohnwagen und Zelten ein Lager aufschlug. ...

Wie soll die Geschichte weitergehen?

Schreibe deine eigene Geschichte ebenfalls bis zu einem Wendepunkt und schreibe sie an diesem Punkt so weiter, dass schließlich dein Wunsch in Erfüllung geht – oder nicht mehr wichtig ist.

Sobald du diese Aufgabe erledigt hast, hat deine geistige Kraft an Stärke zugenommen.

Hexe sein ...

... beinhaltet per se eine bestimmte Sicht der Welt und eine bestimmte Geisteshaltung, nämlich die Verankerung im ‚Alten Pfad‘. Diese Weltsicht, entstanden aufgrund langer Erfahrung im Umgang mit der Natur und mit der menschlichen Psyche, ermöglicht zusammen mit der Kraft reinen Herzens und der Einhaltung bestimmter Regeln (z.B. Feiern der Jahresfeste, Führen des Buchs der Schatten, Hexenethik[6], etc.) potenziell folgende Fähigkeiten:

1. Mittels Orakel, Kristall, Schwarzspiegel den Dingen auf den Grund gehen oder in eine mögliche Zukunft sehen
2. Mit Tieren kommunizieren
3. Zauber wirken bzw. Energien lenken
4. Zwiegespräche mit der Natur und deren Geistwesen führen
5. Herbeirufen von Elementargeistern und Lichtwesen
6. Kontakt zur Unter- oder Anderswelt
7. Astralprojektionen und luzides Träumen
8. Magisch wirken durch innere Stärke mit Gestik, Ritual, Willenskraft und Instinkt
9. Wandern zwischen den Welten (Schamanisch Reisen)
10. Heilung / Schädigung
11. Verfluchen und brechen von Flüchen. Verwünschungen werden meist eingesetzt als Bestrafung. Anders als schwarzmagische Manipulationen äußern sich Hexenflüche dadurch, dass sie wieder verschwinden, ohne weiteren Schaden anzurichten, wenn man seine Schuld bereut.
12. Mittels der Spirits für die Sicherheit der Seele im Diesseits und im Jenseits sorgen
13. Kontakt zu Göttinnen/Göttern und Verstorbenen aufnehmen

---

6   Zum Beispiel: Wenn es niemanden schadet, tue was du willst.

Hexen glauben an die spirituellen Kräfte in der Natur und kommunizieren mit ihnen, indem sie sich mit dem in ihnen selbst wohnenden persönlichen Naturgeist verbinden. Anders ausgedrückt: Sie verbinden sich mit ihrer inneren Kraft, als Teil der Naturkraft, um mittels dieser mit der übrigen Natur zu kommunizieren.

Zwecks Verbindung mit der inneren Kraft versetzen sie sich in einen ekstatischen Zustand. Hilfsmittel hierfür sind z. B. Tanz, Trommelmusik, Drogen. Diese Art Ekstase-Kult war schon in der Antike bekannt und im Mittelalter im Volk noch weit verbreitet und wurde ab Mitte des 14. Jh. von der Kirche dämonisiert, verfolgt und bekämpft. Im 'finsteren Mittelalter' ist die Kommunikation nicht auf Menschen beschränkt. Kommuniziert wird u. a. mit Pflanzen, Tieren, Geistern, Dämonen, Toten, Heiligen, Märtyrern sowie Gott und Göttin. *"Die Welt ist vollständig beseelt und verzaubert."* (Schwanitz)

Selbst heutzutage begeht man auf ekstatische Weise in einigen Gebieten Griechenlands, dem ehemaligen Land der Göttinnen Aphrodite und Artemis, mit kirchlicher Duldung und unter kirchlichen Vorzeichen (Fest des Heiligen Konstantin) mit der gesamten Gemeinde noch das Frühlingsfest Anthestaria, bei dem man drei Tage lang tanzt und abschließend im ekstatischen Zustand über glühende Kohlen läuft, ohne sich die Füße zu verbrennen.

Die Rückkehr der Lebenskraft in die Natur wurde auf diese Weise im Frühling ekstatisch gefeiert und ins eigene Leben zur Stärkung der eigenen Seelenkraft übernommen.

Die Weltsicht aus der Antike dauerte im Mittelalter (immerhin 1000 Jahre) weiter an. Außerdem breiteten sich seit dem Zerfall des römischen Imperiums mit der Völkerwanderung die Ekstasekulte der aus Asien eingewanderten nomadisierenden Stämme in ganz Europa weiter aus und standen zunehmend in Konkurrenz zur Weltsicht der aufstrebenden Macht der christlichen Kirche, die ein diesseitiges Paradies im Einklang mit der Natur strikt verneinte und das Natürliche im Menschen als Sünde verunglimpfte.

Die Ablehnung der Natur durch die Kirche ging seit Beginn der Neuzeit und der Entwicklung von der Feudal- zur Geldwirtschaft zusätzlich einher mit dem politischen Willen auch der weltlichen Obrigkeit, „... *alle Bereiche des menschlichen Daseins ,rational', nach kalt berechenbaren Regeln gestalten ...*" zu können. (Golowin)

So ist es bis heute geblieben. Eine einseitige Betonung des Rationalen führte zum technischen Fortschritt einerseits aber auch zur seelische Verarmung des modernen Menschen andererseits.

In unserer entarteten Gesellschaft ohne spirituelle Verbindung zur Natur hat inzwischen die Zerstörung der Natur durch technischen Fortschritt, u. a. z. B. mittels KI, riesige Ausmaße angenommen und damit zwangsläufig den Untergang der gesamten Menschheit als Konsequenz. Denn, wenn man sich von KI abhängig macht, verrät man die eigene göttliche Natur vollends und wird zum Spielball der

Umwelt, zum Sklaven der toten Dinge im Außen. Dadurch wird man ebenfalls zum toten Ding.

Wir sind aber nicht auf die Welt gekommen, um uns fremd bestimmen und verdinglichen zu lassen, sondern um unser Schicksal auszugleichen und uns in unserer Menschlichkeit zu vervollkommnen. Das geht nur über die Weiterentwicklung unseres Bewusstseins im Sinne der Erweiterung der Bewusstseinsgrenze ins Irrationale hinein oder anders ausgedrückt: der Verschiebung der Wahrnehmungsgrenze ins Übersinnliche hinein.

Die Kunst der Hexen besteht deshalb in der Ausbalancierung beider Bereiche, des Rationalen ('Tonal') und des Irrationalen ('Nagual'). Die Grenze zwischen diesen beiden Bereichen ist der Zaun, auf dem die Hexe sitzt.

Einzig ihr Geist hilft ihr, die Bereiche willkürlich zu verlassen und beständig zwischen dem Bereich, in dem nicht sein kann, was nicht sein darf und dem Bereich, in dem das Ungeheuerliche von ihr Besitz ergreifen will, hin und her zu wechseln. Auf diese Weise entfaltet sie ihre Kraft.

Magie

Rituale und Zaubersprüche sind dafür gedacht, die Hexenkraft zu lenken. Dabei helfen edle Steine, Kerzen, Pflanzen und dergleichen mehr, um das Unterbewusstsein der Hexe anzusprechen. Die Hexe programmiert ihr Unterbewusstsein mittels Ritual und Zauberspruch selbst, um zu wirken. Auf diese Weise erreicht sie ihren Naturgeist, der ihr nun zu Diensten ist.

Magie, deren Quelle im alten Ägypten liegt, ist hier definiert als Selbstwirksamkeit durch das Mitschöpfen mit dem Göttlichen, als Lehre von der Entfaltung der Kraft.

Magie ist eine unabhängige Energie, die uns gegeben ist, um 'böse' Ereignisse abzuwenden. (Hornung) Magie arbeitet mit der Kraft, die zwischen den Gegensätzen ausgleicht, mit der Göttin Ma'at. Durch Magie bewirkt der wissende Magier Seelenfrieden.

Furcht ist eine starke Kraft. Sie spornt uns an zu lernen. Angst hingegen lähmt, denn Angst heißt: die Seele entfernt sich. Ein Schamane/Magier/Hexe schult seine Absicht (Willen/Geist), indem er lernt, seine Gedanken zu kontrollieren, quälende Emotionen umzuwandeln und die richtige Entscheidung zu treffen. Demnach besteht die in spiritueller Hinsicht zu erwerbende Fähigkeit darin: 'aus der Krankheit eine Waffe zu machen' bzw. beim Umgang mit dem eigenen Charakter 'innere Kampfkunst' zu praktizieren oder, wie Castaneda es ausdrückt, die *'menschliche Form'* zu verlieren, d. h. Emotionen umzuwandeln und die Begierde solange zu bezwingen, bis sie einem dienstbar wird. Die

Lektion heißt: Wenn die Begierden nicht im Einklang mit Ma'at sind, befreit Selbstlosigkeit von den Schmerzen, die das Ego verursacht. Dann akzeptiere was ist, ohne dich dagegen aufzulehnen. Wünsche, die nicht im Einklang mit Ma'at sind, verursachen Leiden. Leiden im Leben ist Läuterung – Fegefeuer. Das einzige Mittel dagegen ist Wunschlosigkeit, denn 'Wunschlosigkeit befreit vom Leiden' (Buddha). In diesem Fall beendet man das Leiden dadurch, dass man die eigene Existenz durch Makellosigkeit, d.h. indem man es vermeidet, sich gehen zu lassen, wieder in Übereinstimmung mit der göttlichen Ordnung (Ma'at) bringt. Merke: Etwas erfüllt zu bekommen oder nicht erfüllt zu bekommen, kann beide male genauso enttäuschend sein.

Magie ist Seelenstärke bzw. persönliche Kraft angesichts von Gegnern im Daseinskampf, jedoch auch Lichtwesen ersetzen mangelnde Seelenstärke im Einklang mit der Kraft, die ausgleicht (Ma'at).[7]

Magisch wirkt man durch 'Wissen' - das Richtige im Einklang mit Ma'at erkennen; 'Wollen' - den Willen prüfen; 'Wählen' – einen Beschluss fassen; 'Wagen' - z.B. das Ritual, die Handlung wagen und 'Schweigen'.
Magie ist auch machbar in folgender Reihenfolge:
  1) Transformation des Leidens in Entspannung z.B. durch Selbstlosigkeit.

---

7 Näheres hierzu findet sich in meinem Buch: Die Lichtwesen des Tarot.

2) Tagsüber begibt man sich in der Meditation in den alpha-Zustand (z.B. nach Silva) und nimmt in der Anderswelt Kontakt mit dem Höheren Selbst auf.

3) Nachts übernimmt die Seele in der Anderswelt/ Unterwelt die Ausführung im luziden Traum.

4) Die Wirklichkeit verändert sich im eigenen Sinne.

Merke: Magier/Schamanen/Hexen lösen ihre Antriebs-konflikte in der Fantasie, indem sie in der Unterwelt/ Astralwelt ihrem Traumkörper (Seele) dabei zusehen wie er die heilbringende Realität erschafft. Welche Realität aber die heilbringende ist, wird von der Göttin Ma'at bestimmt.

Während Hexen und Heiler bemüht sind, magisch ihr Leben zu gestalten, haben Schwarzmagier ein gigantisches Ablen-kungsmanöver gestartet, das uns alle daran hindern soll, unsere Lage zu erkennen, damit sie die Weltherrschaft an sich reißen können. Der Instinkt ist deshalb für uns der einzige Maßstab zur Orientierung geworden. Zivilisations-bedingt sind die wenigsten Menschen fähig, ihrem Instinkt zu folgen, weshalb Schwarzmagier zur Zeit, wie es scheint, die 'besseren Karten' haben. Aber das Blatt kann sich auch jederzeit wieder wenden, wie die Geschichte zeigt. Früher oder später wurden alle Usurpatoren wieder verjagt.

Wenn wir eine Hexe bzw. ein Heiler sein wollen, dann besinnen wir uns mittels Achtsamkeit auf unseren Instinkt, unsere Tiernatur, und befreien auf diese Weise unseren Geist von der Fremdbestimmung durch die Ablenkungen des Zeitgeistes.

Über den eigenen Schatten springen

Alle ‚Zaubersprüche und Rituale' weiter hinten hier im Buch sind selbstverständlich ohne Erfolgsgarantie. Der Erfolg hängt unter anderem von unserer persönlichen Magie ab. Bei der Stärkung der persönlichen Magie hilft die Selbsterkenntnis sowie alle kreativen Tätigkeiten (siehe Kapitel ‚Persönliche Kraft entwickeln'). Außerdem brauchen wir den Beistand der Göttin, damit der Zauber funktioniert. Das bedeutet, wir müssen zu einer Priesterin der ‚Alten Religion' (der ‚Alte Pfad') werden.

Zur Priesterin der ‚Alten Religion' wird man im Traum berufen. Die Göttin - das ist die Kraft der heimatlichen Erde - spricht im Traum zu uns. Deshalb sollten wir uns mit unseren Träumen auskennen, damit wir den Ruf der Göttin nicht verpassen. Anschließend unterrichtet sie uns in der

Anderswelt/Unterwelt und versetzt uns in die Lage Dämonen (Quälgeister) zu besiegen, denn darum geht es hauptsächlich. Dämonen agieren im Unterbewusstsein und sind durch Verletzungen (Traumata) abgespaltene Anteile unserer Tiernatur, die wieder integriert werden müssen, damit wir heilen. Andernfalls können sie von Schwarzmagiern gegen uns benutzt werden und können uns töten.

Das bedeutet, für das Gelingen von Magie ist Selbsterkenntnis (Reinigung des Herzens) eine unabdingbare Voraussetzung. Durch Selbsterkenntnis verwandeln wir unsere Tiernatur in unseren Naturgeist. Das ist im alten Ägypten die KA-Seele.

Smeralda Grün schlägt vor: Um die Hexenkraft zu erwecken, solle man sich in Pentagramm-Stellung draußen in der Natur nachts bei Vollmond auf den Boden legen und die Thymusdrüse beklopfen.[8] Einen Versuch ist es sicher wert.[9] Jedoch muss man nach meiner Erfahrung eben auch zum Schattenkrieger werden. Genauer: wir müssen zu jemandem werden, der ,über seinen Schatten springt' und auf diese Weise seine Tiernatur regeneriert, damit sie ihm dienstbar wird. Das auf diese Weise umgewandelte Leiden nannten die alten Ägypter: die KA-Seele. Sie wurde in der altägyptischen Ikonographie entweder als Vogel oder als ,helfende Hände' dargestellt. Deshalb gelingen unsere Zauber, weil unsere KA-Seele nachts in der Unterwelt zusammen mit der Göttin die Dinge für uns regelt. Das aber stärkt unsere Magie.

---

8 Smeralda Grün, Ausschlag, Krätze, Hinkebein
9 Ein weiteres Ritual zur Selbsteinweihung in die Hexenkraft findet sich bei Scott Cunningham, Wicca.

Erste Hilfe bei 'Dämonen'- Angriff

Sieben Dämonen sind über das Feld gegangen,
wollten des Menschen Leben fangen,
wollten, dass es sterbe,
wollten, dass es verderbe.
Doch stärker war das Leben.
Sie mussten frei es geben.
(Zauberspruch des fahrenden Volkes)

'Dämon' der Lähmung

Damit einhergehende Schatten können sein: Müdigkeit, Erschöpfung und Erstarrung, Hass, Wut sowie Urängste vor Liebesverlust, ausgestoßen sein; Todesängste wie: hilflos ausgeliefert sein, vor Schreck erstarrt sein, Angst vor ausgeliefert sein; durch vermeintliche Schuldgefühle, sich nicht wehren können; Emotionen von eingesperrt sein, wie gelähmt sein, Mutlosigkeit.
Kann zur Selbstzerstörung durch Zorn führen.

Befreiung und Ausgleich erfolgt durch Annahme, Hingabe, Aufgabe, Vergebung und kommt aus der Erkenntnis: „Ich bin!" - das ist die Wiedergewinnung von Urvertrauen, weil man mit dieser Erkenntnis die Trennung von sich selbst überwindet. Bei negativen Emotionen ist eine Kombination aus Atemübungen und Meditationen nützlich, um Entspannung, das heißt, das Nachlassen des Schmerzes, zu erlangen.

Atemübung:

Bei Spannungen sollte man in diesen Schmerz hinein ausatmen und dabei die Emotion wahrnehmen, das heißt, sich dem Schmerz öffnen, hineinsteigern (sich ihm überlassen, in ihm verschwinden, nur noch Schmerz sein = loslassen von Angst).

Das ergibt in der Regel Entspannung. Entspannung ist die Vereinigung zwischen Emotion und Bewusstsein und damit die Erkenntnis der Absicht, die ursprünglich hinter der Spannung verborgen lag. Kann die Emotion aber beim Namen genannt werden, ist bereits die Abtrennung von sich selbst überwunden.

Meditation – Absicht der Vergebung:

Dabei wiederholt man innerlich ca. 15 Minuten oder so lange wie nötig die passende Vergebungs-Absicht, auch in Kombination miteinander:

"Ich vergebe mir selbst." „Ich vergebe meiner Lebenssituation." „Ich vergebe meiner Arbeitssituation." „Ich vergebe meiner Beziehungssituation." „Ich vergebe meiner finanziellen Situation." „Ich vergebe meinen Eltern." (etc. - Jeder denke sich selber die für seine Situation passende Vergebungs-Absicht aus.)

Erden:

Auf einen Stuhl oder die Kante eines Stuhls (kleine Menschen) setzen. Den Rücken gerade halten, die Füße fest auf den Boden, die Beine bilden im Knie einen rechten Winkel. Tief einatmen und die Luft einen Augenblick anhalten. Beim Ausatmen die Füße fest gegen den Boden drücken. Dabei spannen sich die Oberschenkelmuskeln und der Beckenboden an. Spannung wieder lösen. Vorgang mehrmals wiederholen, solange wie es angenehm ist. Auf diese Weise revitalisieren wir unser **Wurzelchakra**.

Hilfreiche Steine: Achat, Hämatit, Jaspis, Granat, Rubin, alle roten Steine.
Aromatherapie: Citronella, Eukalyptus, Pinie, Rosmarin, Zitrone
Hilfsgötter: Mars, Sonne

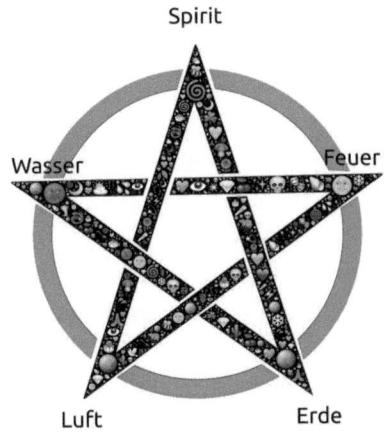

Dieses Pentagramm zeigt die im Taoismus benutzte Anordnung der Elemente, wobei ‚Spirit‘ im Taoismus dem Element ‚Holz‘ entspricht und Luft dem Element ‚Metall‘.

'Dämon' des Zwangs

Damit einhergehende Schatten (negative Emotionen) können sein: Eifersucht, Trauer, Frustration, Stress, Unfähigkeit etwas zu empfinden, oder unkontrollierte Emotionalität wie z.B. ‚in Tränen ausbrechen'; Hysterie, Sorgen, Sehnsucht, Sexsucht, die Tendenz, die eigene sexuelle Befriedigung in den Vordergrund zu stellen, unterdrückte Triebhaftigkeit oder ständige Sehnsucht nach erfüllender Sexualität.

Kann zur Selbstzerstörung durch Wollust führen.

Befreiung und Ausgleich bei persönlichen Ungleichgewichten erfolgt durch Hinwendung zum eigenen ‚spirituellen Ideal' (Cayce), zur eigenen Mitte; im eigenen Element sein.

Wenn wir davon ausgehen, dass der Körper der Tempel unseres Geistes ist, ist unser Ideal immer dann in unserem Körper potentiell enthalten, wenn wir mit uns vereint sind, im Einklang bzw. im Gleichgewicht mit uns sind. Frage dich was dir wirklich wichtig ist im Leben. Wonach würdest du streben, wenn du es könntest? Letztlich ist das was wir erhalten, wenn wir unser 'spirituelles Ideal' finden, nichts anderes als Wohlgefühl, Gesundheit und Identität.

Mittemeditation:

Lege dich auf den Rücken, dann lege einen Schneeobsidian eine Hand breit unterhalb des Bauchnabels auf das Schambein (Sakralchakra) auf die nackte Haut, den Bergkristall auf die Stirn (Stirnchakra). Benutze mindestens wallnussgroße Steine. Atme ein und atme aus, und konzentriere dich auf den Atemrhythmus, entspanne dich und stell dir vor, *„wie der Obsidian vom Schambein nach rückwärts zum Steißbein und der Bergkristall von der Stirn in den gesamten Schädel strahlt.“* (Hodosi) Die Wirbelsäule verbindet als Lichtstrahl die beiden Chakras. Fühle die beiden Stellen des Körpers, an denen die Steine aufliegen und überlass dich diesem Gefühl an diesen beiden Polen, denke an gar nichts sondern fühle dich nur ein. Das Ziel der Meditation ist erreicht, sobald du spürst wie sich dein innerer Körper erhellt (oder wohlig warm wird). Du bist wieder in deiner Mitte.

Hilfreiche Steine: Karneol, Mondstein, Schneeobsidian, Bergkristall, alle orangenen Steine.

Aromatherapie: Rosenholz, Estragon, Rose, Anis

Hilfsgötter: Merkur, Mars

'Dämon' der Angst

Der Dämon der Angst verleitet uns dazu, vitale Wünsche und Gefühle zu unterdrücken. Dadurch ergibt sich zunehmend die Emotion der Überforderung und Gereiztheit, welche wiederum nach außen fließt und die Beziehungen zum anderen Geschlecht und im Erwerbsleben nachhaltig stört und Glücklosigkeit zur Folge hat.

Negative Emotionen können sein: Übelkeit, hilflose Nervosität, innere Unruhe, Verfolgungswahn, Ärger, Ohnmachtsgefühle, ‚nervöse Gereiztheit', Überaktivität.

Kann zur Selbstzerstörung durch Neid führen.

Befreiung und Ausgleich erfolgt über Bildung durch Aufklärung in Bezug auf sich selbst und auf die Welt sowie Selbsterfahrung. In diesem Fall muss man das Kunststück fertig bringen, sich 'am eigenen Schopf aus dem Sumpf zu ziehen' - einen inneren Raum zu schaffen. Das gelingt nur duch die 'Erweiterung des geistigen Horizonts' bzw. durch die Stärkung der Kraft des eigenen Geistes.

Atemübung:

Eine beruhigende Wirkung hat diese Sufi-Atmungsübung: Einfach während des Einatems innerlich bis zur 7 zählen, auf 8 den Atem anhalten, dann von vorn zählen und dabei solange ausatmen bis die Zahl 7 erreicht ist, auf 8 den Atem anhalten, wieder einatmen und dabei bis zur 7 zählen, usw. Diese Atmungsübung kann in jeder Stellung und Lage und solange ausgeführt werden wie man mag.

Besonders hilfreich ist die bewusste Atemlenkung in Körperstellen, die schmerzen oder verspannt sind. Dabei konzentriert man sich auf die verspannte Stelle und atmet durch die Nase ein und aus. Das Ausatmen in der Vorstellung direkt in die verspannte Stelle leiten und doppelt solange ausatmen wie einatmen. Den Vorgang solange wie nötig wiederholen. In der Regel ist dies schon Meditation genug, um ein Ergebnis zu erzielen: Der Schmerz löst sich auf.

Lichtmeditation:
Wir halten das linke Nasenloch mit dem Zeigefinger der rechten Hand zu und atmen durch das rechte Nasenloch weißes Licht ein, dabei zählen wir bis zur 7. Dann halten wir den Atem an wobei wir das Licht in unserer Vorstellung in der Magengegend kreisen lassen während wir wieder bis zur 7 zählen.

Jetzt öffnen wir das linke Nasenloch und verschließen mit dem rechten Daumen das rechte Nasenloch, während wir durch das linke Nasenloch ausatmen wobei wir bis zur 7 zählen. Dabei stellen wir uns vor wie dunkle Schwaden durch das linke Nasenloch entweichen.

Nun atmen wir durch das linke Nasenloch weißes Licht ein, während wir bis zur 7 zählen. Wir halten den Atem an, dabei zählen wir bis zur 7 und lassen währenddessen das weiße Licht in der Magengegend kreisen.

Jetzt öffnen wir das rechte Nasenloch und verschließen mit dem Zeigefinger der rechten Hand das linke Nasenloch .... weiter wie oben.

Praktiziere die wechselseitige Nasenatmung mit der Vorstellung von weißem Licht solange bis du dich wieder ruhig und entspannt fühlst bzw. bis die auszuatmenden Schatten immer heller werden.

Heilmeditation im Liegen: '*Ich aktiviere bewusst mein Solarplexuschakra*'. Dabei sich vorstellen wie goldenes Licht in die Magengegend eingeatmet wird. Beim Ausatmen das goldene Licht im Oberbauch kreisen lassen. Dabei unentwegt die Absicht innerlich wiederholen. Wieder goldenes Licht einatmen usw. bis sich das Körpergefühl ändert und der Oberbauchbereich ein Gefühl von Wärme vermittelt. Jetzt das goldene Licht sich im ganzen Körper ausbreiten lassen und das bewusste Atmen aufgeben. Eine kleine Weile den Lichtstrom genießen. Dann das Solarchakra schließen, indem man sich vorstellt, wie eine geöffnete goldgelbe Lotusblume ihre Blätter schließt.

Hilfreiche Steine: Tigerauge, Bernstein, Edeltopas, Citrin, Kunzit sowie alle gelben Steine.
Aromatherapie: Lavendel, Galbanum, Basilikum, Bergamotte, Koriander, Minze, Rosmarin
Hilfsgötter: Merkur, Sonne

'Dämon' der Einbildung

Dämoneneinflüsse können sich äußern in: Sorgen, nicht 'nein' sagen können, Selbstausbeutung sowie 'ausgebeutet werden'. Schatten können sein: Arroganz, Spott, Kälte, Teilnahmslosigkeit, Herzlosigkeit, Unfähigkeit sich zu öffnen aus Angst vor Ablehnung sowie Hass, Egoismus, Herrschsucht, Herzklopfen oder der Eindruck 'das Herz bleibt stehen'.
Kann zur Selbstzerstörung durch Hochmut führen.

Befreiung und Ausgleich erfolgt durch Anwenden des 'richtigen Maßes' im Umgang mit der Umwelt.
'Geben' und 'Nehmen' kommen vom Herzen – Nimm dich selbst an, liebe dich selbst wie du bist und du wirst fähig sein, gleichermaßen zu empfangen und loszulassen.

Transformations-Lichtmeditation:
Begib dich, wenn du ungestört bist, in eine bequeme Haltung und atme mehrere Atemzüge lang tief durch. Dann stell dir in deiner Brust ein grünes Leuchten vor, dass sich allmählich im ganzen Körper ausbreitet. Nun stell dir zusätzlich im Kopf ein grünes Leuchten vor, dass sich im Kopf ausbreitet und mit dem grünen Leuchten in deiner Brust verbindet. Fühle dich einige Augenblicke in tiefes Grün eingehüllt und eingetaucht. Bitte nun dein synchronisiertes grünes Selbst um Transformation der negativen Emotionen in deinem Körper. Benenne die negative Emotion oder die Körperstelle, die verspannt ist oder schmerzt genauer. Z.B.: „Ich bitte mein

synchronisiertes grünes Selbst um Transformation der Schmerzen in meiner linken Körperseite." Wiederhole diesen Satz solange, bis du deutlich ein körperliches Feedback erfährst. Das kann ein Farbwechsel sein. Das kann ein Wort sein, das dir plötzlich ins Bewusstsein kommt. Das kann einfach das Nachlassen der Spannung, des Schmerzes sein. Was es auch ist, es muss das Körpergefühl verändern. Mit der Veränderung des Körpergefühls zum Positiven hin, ist der Sinn der Meditation erfüllt. Wenn sich keine Veränderung der Emotion einstellt, wiederhole den Vorgang mit einem blauen Leuchten (violetten Leuchten, weißen Leuchten).

Selbstliebe Lichtmeditation im Liegen: wie Atemübung auf S. 51 aber mit der Vorstellung von weißem Licht, das wir einatmen und mit jedem Ausatmen in die entsprechende Körperstelle lenken. Dabei betrachten wir unser Inneres als lichtdurchflutete Höhle und wir selbst verwandeln uns in einen heilbringenden Energiestrom von weißem Licht. Wir schenken jeder Körperstelle mit dem Ausatmen Zuwendung und heilende Energie und sehen in der Vorstellung die jeweilige Körperstelle dankbar zu uns zurück strahlen. Danach geben wir das bewusste Atmen auf und ruhen uns eine Weile aus, bevor wir den Alltag wieder aufnehmen.

Hilfreiche Steine: Rosenquarz, Aventurin, Kunzit, Smaragd, Jade, alle rosafarbenen und grünen Steine.
Aromatherapie: Rosenöl, Kamille, Lavendel, Neroli, Orange, Sandelholz
Hilfsgötter: Jupiter, Sonne

'Dämon' der Verzweiflung

Vorherrschende Schatten können sein: „Kloß im Hals", „die Kehle ist wie zugeschnürt", stottern oder unausgegorener Redeschwall, eingeschüchtert sein, sich ducken, Ausweglosigkeit, 'innere Leere', Einsamkeit, Schuldgefühle, Zwangsgrübeleien, fremdbestimmt handeln.
Kann zur Selbstzerstörung durch Maßlosigkeit führen.

Ausgleich erfolgt z.B. mit Meditation, Yoga, bewusster Atemlenkung, autogenem Training etc. Man muss ein Körper- und Gefühlsbewusstsein entwickeln. Das heißt, man muss sich immer wieder auf seine Emotionen besinnen; Emotionen im Körper lokalisieren; in Emotionen bewusst hinein atmen, wahrnehmen, annehmen und beim Namen nennen. **Befreiung** erfolgt durch Atemlenkung und ein „Sich-Hineinversetzen" in die Geheimnisse des Körpers (Unterbewusstsein), die auch gleichzeitig die Geheimnisse der Welt sind, z.B. mittels Traumdeutung, erkennen der Fremdbestimmung, den Traumpartner aufsuchen.

Atemlenkung:
Besonders hilfreich ist die bewusste Atemlenkung in Körperstellen, die schmerzen oder verspannt sind. Dabei konzentriert man sich auf die verspannte Stelle und atmet durch die Nase ein und aus. Das Ausatmen in der Vorstellung direkt in die verspannte Stelle leiten und doppelt solange ausatmen wie einatmen. Den Vorgang solange wie nötig wiederholen.

Heilmeditation im Liegen: '*Ich aktiviere bewusst mein Halschakra*'. Dabei sich vorstellen wie blaues Licht eingeatmet wird. Beim Ausatmen das blaue Licht im Hals und Schulterbereich kreisen lassen. Dabei unentwegt die Absicht innerlich wiederholen. Wieder blaues Licht einatmen usw. bis sich das Körpergefühl ändert und der Hals- und Schulterbereich mit dem Halschakra ein Gefühl von Freiheit und Weite vermittelt. Jetzt das blaue Licht sich im ganzen Körper ausbreiten lassen und das bewusste Atmen aufgeben. Eine kleine Weile den Lichtstrom genießen. Dann das Halschakra schließen, indem man sich vorstellt, wie eine geöffnete blaue Lotusblume ihre Blätter schließt.

Zenmeditation:

Gehe in der Natur spazieren. Gehe einfach nur und atme einfach nur. Sobald Gedanken, Erinnerungen etc. deine Aufmerksamkeit beanspruchen, gib ihnen einen Namen und schließe sie in eine durchsichtige Luftblase ein. Lass diese Luftblase davon schweben und, wenn du möchtest, lass sie wie eine Seifenblase zerplatzen.

Kehre wieder mit deiner Aufmerksamkeit zu deinem Atmen und Gehen zurück und verweile im 'Hier und Jetzt'.

Auf diese Weise kann man alle unangenehmen Gedanken, besonders die Zwangsgedanken, Emotionen und Menschen, die einen suggestiv belästigen, allmählich aus seinem Bewusstsein verschwinden lassen. Um sie auch aus seinem Leben allmählich verschwinden zu lassen, begebe man sich in Gedanken an seinen ‚inneren Rückzugsort' oder 'inneren

Garten', erinnere sich an die unangenehmen Dinge, wünsche ihnen alles Gute, schließe sie in eine Luftblase ein, lasse sie davon schweben und zerplatzen. Diese Vorstellung wiederhole man so oft man will, besonders dann, wenn die unangenehmen Dinge zurückkommen wollen. Irgendwann belästigen sie einen nicht mehr.

Transformations-Lichtmeditation: siehe oben

Hilfreiche Steine: Aquamarin, Türkis, Chalzedon, alle blauen Steine.
Aromatherapie: Anis, Majoran, Minze, Orange, Rosmarin
Autosuggestion: Ich wähle, unbeeindruckt von meiner Verzweiflung zu bleiben.
'Loslassen'-Mantra: Ich bin dankbar, dass sich alles in Wohlgefallen aufgelöst hat.
Hilfsgötter: Venus, Sonne

'Dämon' der Depression

Dieser Dämon bewirkt Ohnmachtsgefühle, Depressionen, Kopfschmerz, Antriebslosigkeit, Unfähigkeit einen klaren Gedanken zu fassen, Wahnvorstellungen.
Kann zur Selbstzerstörung durch Trägheit führen.

Befreiung und Ausgleich erfolgt durch bewusste Gedankenlenkung.
Mittels seiner Gedanken und deren Wirkung auf Wille und Vorstellung schafft sich der Mensch seine Realität selbst, deshalb wird es hier notwendig, wenn man irgendetwas in seinem Leben verbessern möchte, zuerst regelmäßig mittels **Transformations-Lichtmeditation** auf negative Emotionen einzuwirken. Man benutzt dabei die Frequenzen der langwelligen Gehirnströme wie grün, blau, lila, weiß.
Weiterhin sollte man die tägliche ‚Gehirnwäsche' vor dem TV-Gerät, besonders von Werbe- und Unterhaltungssendungen so oft wie möglich meiden, um die 'Anästhesierung' und damit Ablenkung von sich selbst zu vermeiden.
Außerdem übe man sich in bewusster Gedankenlenkung z. B. mittels **Zenmeditation** s. o..
Ritual – Beschwörung eines Geistes (S. 84)
Heilmeditation im Liegen: *'Ich aktiviere bewusst mein Stirnchakra'*. Dabei sich vorstellen wie mitternachtsblaue Farbe eingeatmet wird. Beim Ausatmen die dunkelblaue Farbe im Stirn und Kopfbereich kreisen lassen. Dabei unentwegt die Absicht wiederholen. Wieder dunkelblaue Farbe einatmen usw. bis sich das Körpergefühl ändert und

der Druck aus dem Stirn- und Kopfbereich verschwindet. Jetzt die dunkelblaue Farbe sich im ganzen Körper ausbreiten lassen und das bewusste Atmen aufgeben.

Eine kleine Weile in tiefes dunkelblau eingetaucht bleiben. Dann das Stirnchakra schließen, indem man sich vorstellt, wie eine geöffnete dunkelblaue Lotusblume ihre Blätter schließt.

Hilfreiche Steine: Lapislazuli, Saphir, Sodalit, alle dunkelblauen Steine.

Aromatherapie: Zeder, Petersilie, Neroli, Lemongras

Hilfsgötter: Saturn, Mond

Bild der Göttin Ma'at

'Dämon' der Verunsicherung

Dieser Dämon bewirkt Rastlosigkeit, innere Unruhe, Angst vor dem Tod, Emotionen von Sinnlosigkeit und Minderwertigkeit.
Kann zur Selbstzerstörung durch Gier führen.

Befreiung und Erleichterung erfolgt durch Tanz, Musik, Yoga und Meditation.

Bauchtanzmeditation:
Bauchtanzmeditation besteht in der bewussten Lenkung der Aufmerksamkeit auf die Bewegung beim Tanzen. Wir machen die Bewegung und konzentrieren uns gleichzeitig auf diese Stelle unseres Körpers, an der die Bewegung geschieht. Es geht um ein sanftes, müheloses Ruhen von Wahrnehmung und Aufmerksamkeit. Wenn wir das konsequent durchhalten, sind wir ganz bei uns. Noch einmal: Das Wesentliche ist, die bewusste Aufmerksamkeit auf die Wahrnehmung der Bewegung zu richten. Das hilft uns, unseren Körper im 'Hier und Jetzt' zu spüren, wertzuschätzen und uns einzufühlen.
Spüre in dich und die Bewegung hinein, nimm deinen Körper bewusst wahr mit der Frage im Herzen: was geschieht mit mir, wenn ich diese Bewegung mache?
Gleichgültig welche Wahrnehmungen bewusst werden, sie alle werden in Richtung Lustempfinden verschoben, **wenn wir sie annehmen**. Wenn wir etwa auf Schmerzen stoßen, sollen wir diese nicht bekämpfen oder ablehnen, sondern den Schmerz akzeptieren und verschiedene Veränderungen

und Bewegungskorrekturen ausprobieren, die das Schmerzempfinden in Richtung Lustempfinden lindern.

Diese Art zu tanzen kann auf die Dauer die Leistung aller unserer Sinne steigern und uns ein intensives Wohlbehagen vermitteln.

Atemübung:

Atem lenken heißt Aufmerksamkeit lenken. Zur Entspannung lenke man jeden Tag, wenn man Zeit für sich selbst hat, oder abends vor dem Einschlafen, durch tiefes ein- und ausatmen die Aufmerksamkeit auf seinen Körper im Liegen oder Stehen wie folgt:

Einatmen ins **Herz**, ausatmen in die **Fußsohlen**, drei mal.

Einatmen ins Herz, ausatmen in die **Knie**, drei mal.

Einatmen ins Herz, ausatmen in den **Beckenboden**, drei mal.

Einatmen ins Herz, ausatmen in die **Hüften**, drei mal.

Einatmen ins Herz, ausatmen in den **Nabel**, drei mal.

Einatmen ins Herz, ausatmen in das **Zwerchfell**, drei mal.

Einatmen ins Herz, ausatmen in die **Schultern**, drei mal.

Einatmen ins Herz, ausatmen in den **Hals**, drei mal.

Einatmen ins Herz, ausatmen in den **Scheitel**, drei mal.

Einatmen ins Herz, ausatmen in die **Handflächen**, drei mal.

Einatmen ins Herz, ausatmen in das **Herz**, drei mal.

Auf diese Weise trainiert man das Gewahrsein für sich selbst und hat es im Alltag leichter, achtsam zu sein, sein Bauchgefühl wahrzunehmen und seinem Instinkt zu folgen.

Hilfreiche Steine: Amethyst, Bergkristall, alle weißen und violetten Steine.

Aromatherapie: Ylang-Ylang, Bergamotte, Jasmin, Koriander, Nelke, Zitrone

Ritual: Einen Fluch brechen (S. 85)

Autosuggestion: Ich wähle, mich an mich selbst zu erinnern.

Hilfsgötter: Sonne, Venus, Mars

Luzides Träumen

Zur Regeneration der Tiernatur dient auch das luzide Träumen. Luzide träumt man, wenn man im Traum bewusst die Dinge erledigt, die im Wachsein nicht machbar sind.

Die Unterwelt bzw. die Astralwelt ist ein existierendes Medium, in das man während des Schlafes übergeht. Die Seele ist in einer anderen Dimension auf Wanderschaft. Diese Dimension ist nicht streng von der Realität im Wachsein getrennt. Während des Schlafes existiert das Bewusstsein des Menschen in einer anderen Frequenz (Gehirnwellen) weiter. Dimensionen unterscheiden sich durch die Frequenzen ihrer Schwingungen. Zugang zu einer anderen Dimension erhält man durch eine andere Körperschwingung. Mittels Meditation ändert man die Körperschwingung. Das tun buddhistische Mönche seit Jahrhunderten. Sie ändern ihre Körperschwingung bis der Körper z. B. zu schweben anfängt. Meditation ist die Konzentration der Gedanken auf einen Fokus, z.B. Licht, Farbe, Symbol, Vorstellung, Mantra, Atmung, Bewegung etc.. Offenbar kann man sich in der Meditation mittels Konzentration auf eine Welle einschwingen, in der sich Emotionen/Schatten verändern.

Drei Kräfte regieren das Universum: Shiva, Vishnu und Brahma (der Zerstörer, der Schöpfer und der Bewahrer/ Ausgleicher) oder altägyptisch ausgedrückt: Hathor, Ra und Ma'at, wobei alle diese Kräfte ein und dasselbe sind – das All-Eine. Wenn ein Ungleichgewicht zwischen zwei Kräften eintritt und eine Kraft überwiegt, tritt die dritte 'auf den

Plan' und sorgt wieder für Ausgleich. Auf der irdischen Ebene in sozialen Beziehungen geschieht das aber nicht automatisch. Der Ausgleich erfolgt nur, wenn die dritte Kraft wahrgenommen wird.

Müdigkeit ist eine Art Trance, wenn man auf dem falschen Weg ist, zur Realität keinen Bezug hat. Inneres Feuer (Wärmegefühl) hat man, '*wenn die Seele in dem Bereich ist, wo der Geist der Wahrheit und des Lebens jeden Tag mit ihr kommuniziert, dann transformierst Du die Schwierigkeiten auf der irdischen Ebene'*. (Cayce)

Die vierte Dimension ist das Feinstoffliche/Astralebene, die Wirkungsebene, die Unterwelt, das Durchdringende und das Verbindende, die Zeit.

Der Ätherkörper des Menschen transportiert den Willen/ Geist/Lebenskraft. Je höher die Schwingung des Ätherkörpers, desto wirkmächtiger der Mensch. Der Wille ist Teil der Unterwelt/Astralwelt. Der Geist bewirkt Dinge, indem die Seele sie im bewussten (luziden) Traum tut.

Zum Zwecke des luziden Träumens müssen wir uns im Traum darüber bewusst sein, dass wir träumen. Beginnen wir die Übung damit, dass wir im Traum unsre Hände suchen. Steigern wir uns in dieser Übung allmählich, bis wir während wir träumen uns selbst im Traum zusehen können.

Wenn man seine Wirklichkeit selbst erträumt, dann sind prophetische Träume (Hellsehen) Ausdruck des eigenen Schaffens, des wirklichen Wollens in der Unterwelt/ Astralebene.

„Sehen" bei Castaneda bedeutet: mit den Augen der Seele sehen. *Es gibt keine Grenzen.* (Kahili King)

Einschlaf-Meditation

Nachdem Du im Bett liegst und die Augen geschlossen hast, konzentriere Dich auf das Symbol des Sonnenrads. Stell dir die Swastika als runde, sich drehende, aus gleißendem Licht bestehende Scheibe im Bereich des dritten Auges vor. Rezitiere dazu das Mantra ‚*Om Bekandze Bekandze Maha Bekandze Radza Samudgate Soha*' und atme dabei immer in das Herzchakra ein und in das Sakralchakra aus.

Du wirst schnell einschlafen. Regelmäßig angewandt, wirst Du allmählich im luziden Traum von alten Traumata und Blockaden befreit.

Der feinstoffliche Körper/die Aura:

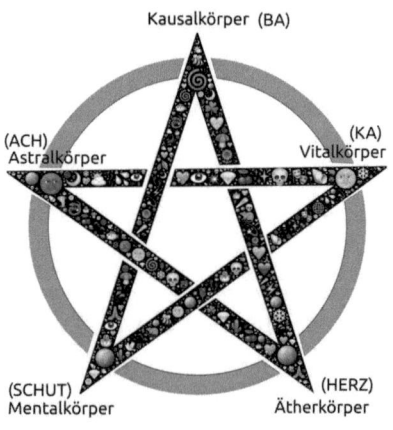

Kausalkörper (BA)

(ACH) Astralkörper

(KA) Vitalkörper

(SCHUT) Mentalkörper

(HERZ) Ätherkörper

Traumweben mit Runen

Runen sind mächtige Heil- und Zauberzeichen der nordischen und germanischen Götter.

Wenn wir ein unlösbares Problem haben, gibt uns Loki nachts in der Unterwelt die Rune, die es lösen hilft. Wahrscheinlich hören wir den Namen der Rune nachts im Traum, denn das Wort ‚Rune' bedeutet ‚raunen'.

Um eine Rune zu erhalten, die uns hilft, sprechen wir innerlich abends im Bett solange bis wir einschlafen folgenden Spruch:

Göttin der Nacht,
gib auf mich acht,
das Problem soll weichen,
schick mir ein Zeichen,
Loki möge es mir reichen.

Sobald wir unsere Rune im Traum erhalten haben, malen wir sie anschließend so oft wie nötig abends vor dem Einschlafen mit Öl oder Creme auf die Stirn und flüstern bzw. raunen dreimal ihren Namen. Sie wird uns in der Unterwelt während des Schlafs helfen, unser Problem zu lösen und uns heilen oder uns im Traum Hinweise geben, damit wir wissen, was zu tun ist und wie wir weiter vorgehen sollen.

Achtung: Niemals leichtfertig um eine Rune bitten. Loki kann zwischen echten und Pseudo-Problemen unterscheiden. Alles was wir selbst lösen können, müssen wir auch selbst in Angriff nehmen, sonst spielt uns Loki einen Streich.

Runenauswahl

FEHU	Wachstum, Wohlstand
URUZ	Ursprung, Ursache
THURISAZ	Preis, Strafe Gottes
ANSUZ	Im Fluss sein, Synchronizität
RAIDHO	Ordnung, Recht, Justizia
KENAZ	Weisheit, Offenheit
GEBO	Geben und Nehmen, Harmonie
WUNJO	Freude, Glück
HAGALAZ	Abgrund, Unglück, Krankheit
NAUTHIZ	Schicksal
ISA	Schatten, Tiernatur
JERA	Ernte
EIHWAZ	Veränderung
PERTHRO	Geheimnis, das Verborgene
ALGIZ	Schutz
SOWILO	Wohlbefinden, Gesundheit
TIWAZ	Phönix aus der Asche
BERKANO	Unwägbarkeiten, Zufälle
EHWAZ	Rücksichtnahme, sich kümmern
MANNAZ	Vernunft
LAGUZ	Eingebung
INGWAZ	Fähigkeit
OTHALA	Ahnenerbe
DAGAZ	Durchbruch
OS	Befreiung
KAUN	Göttin
HAGAL	Kraft
AR	Gott
YR	Falschheit
EH	Geistige Übereinstimmung, Liebe
FYRFOS	Heilung, Unsterblichkeit
GIBOR	Auferstehung

Für ein Runenorakel nimm 30 ca. gleich große Kieselsteine und male die Runen darauf, ohne KAUN und AR. Tue die Steine in einen Beutel. Bei einer Frage greife mit der linken Hand in den Beutel und ziehe eine Rune als Antwort heraus.

Orakel

Hexen und Heiler benutzen Orakel, um die verborgene Wahrheit herauszufinden. Als Orakel kann alles dienen, was in der Umwelt zu finden ist: Steine, Muscheln, Teeblätter, Kaffeesatz, vorbei ziehende Wolken, Münzen (I Ging), Hühnerknochen, Tierinnereien, der Flug der Vögel etc. Die Möglichkeiten sind fast unbegrenzt. Ganz abgesehen vom Hellsehen mittels Kristallkugel oder Spiegel bzw. Mondlicht reflektierendes Wasser. Das sind alles nützliche Dinge, um die zutreffende Eingebung zu bekommen.[10]

Das Kartenlegen hat sich im Laufe der Zeit als bekannteste Methode etabliert. Inzwischen gibt es eine Vielzahl von Kartendecks, die zur Befragung benutzt werden. Ich beschränke mich hier auf das Rider Waite Tarotkarten-Deck.

Für einen gesunden Lebenswandel müssen wir mit dem Göttlichen mit schöpfen. Das tun wir, indem wir unserer Seele folgen. Denn die Seele folgt ihrerseits der Großen Göttin. *Es gibt keine Leib-Seele-Einheit.* (Plack) Wenn wir krank werden, protestiert die Seele gegen unseren Charakter, der die falsche Entscheidung getroffen und damit gegen die göttliche Ordnung gehandelt hat. Damit sich die Seele nicht vollends entfernt, müssen wir unsere Entscheidung ändern. Das kann bedeuten, zuerst den ‚inneren Schweinehund' besiegen zu müssen bzw. über den eigenen ‚Schatten springen' zu müssen, um uns nicht von uns selbst ablenken zu lassen. Hierbei hilft ein starker Geist.

---

10 Zu diesem Thema sind eine Vielzahl Bücher geschrieben worden. Ich gehe deshalb hier nicht näher darauf ein.

Woran erkennen wir, dass wir unserer Seele gefolgt sind? An der Wiederkehr von Gesundheit, Wohlbefinden und Seelenfrieden.

Natürlicherweise folgen wir bei unseren Entscheidungen für eine gesunde Lebensweise unserem Instinkt (Bauchgefühl). Unser Geist kommuniziert mit unserem Körper durch unsere Seele. Die Begriffe ‚Körper, Seele, Geist' sind Synonyme für die Begriffe ‚Instinkt, Herz, Wille'. Da viele von uns den Kontakt zum Bauchgefühl im Laufe ihres Lebens verloren haben bzw. sich nicht mehr instinktiv richtig entscheiden können, benutzen wir die Bildersprache des Tarot zwecks Übersetzung unseres Bauchgefühls in die Sprache des Geistes.

Wir nehmen z.B. das Große Arkanum des Tarot in die Hand und mischen es. Dann ziehen wir mit der linken Hand nacheinander fünf Karten in der unten angegebenen Reihenfolge und deuten diese im Hinblick auf unsere Fragestellung.

Durch Experimentieren mit den verschiedenen Möglichkeiten der Divination können wir im Laufe der Zeit die Methode finden, die uns persönlich am besten dient,[11] um den Geist zu ergründen.

---

11 Weiterführende Hinweise zum Tarotkarten legen finden sich in meinem Buch: Die Richtung der Kraft – Familienrepräsentation mit Tarot.

Tarotkarten-Befragung (Großes Arkanum)
zwecks Erkenntnis der Situation im Feinstofflichen

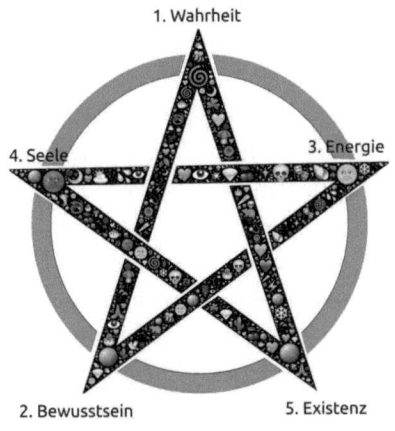

auch: 1. Gesundheit, 2. Glück, 3. Liebe, 4. Karma, 5. Geld
oder: 1. Berufung, 2. Bewegung, 3. Ernährung, 4. Selbst-
    liebe, 5. Kraftort
oder: 1. das Verborgene, 2. die Beziehungen, 3. die Motiva-
    tion, 4. die Befindlichkeit, 5. die Lebensweise
Für weitere Fragen zu den einzelnen Lebensbereichen je
nach Element (S. 63) die entsprechenden Karten des kleinen
Arkanum benutzen:
4. Wasser = Kelche
3. Feuer = Schwerter
2. Luft = Münzen
5. Erde = Stäbe

Orakelbefragung mit den Hofkarten des Tarot

Wenn wir die Richtung der Kraft, die in unseren Beziehungen im Verborgenen wirkt, erkennen wollen, müssen wir das Orakel in einer bestimmten Weise befragen. Zu diesem Zweck legen wir uns das 'Quadrat des Jupiter' mit den Hofkarten des Tarot aus. Wir legen uns Gegenwarts- und Herkunftsfamilie getrennt aus.

Der Fragende nimmt die Hofkarten in die linke Hand, mischt und legt sie von rechts nach links nebeneinander als Feld aus, jeweils 4 Karten in einer Reihe unter die andere. Die horizontal nebeneinander in einer Reihe liegenden Personen sind im Gleichgewicht miteinander (Geben und Nehmen ist ausgeglichen). Die vertikal in einer Reihe untereinander liegenden Personen sind im Ungleichgewicht, wobei die heilsame Richtung der Kraft von oben nach unten wirkt. Wenn man sich selbst oben befindet, bedeutet das, dass man den unter einem liegenden Personen Würdigung, Respekt, Ehre, Zuarbeit etc. schuldet, weil man sonst die Göttin Ma'at gegen sich hat.

Beispielauslegung Gegenwartsfamilie:

Bube der Schwerter	Bube der Münzen	**Königin der Kelche**	Bube der Stäbe
Ritter der Schwerter	Ritter der Stäbe	Königin der Stabe	König der Schwerter
Königin der Schwerter	König der Münzen	Königin der Münzen	Ritter der Münzen
Bube der Kelche	König der Kelche	Ritter der Kelche	König der Stäbe

Die Familie umfasst Lebende und Tote. Wie man hier sieht ist die **Königin der Kelche** in diesem Fall den vertikal unter ihr liegenden Personen Würdigung, Respekt, Ehrerbietung, Zuarbeit, Hilfestellung etc. schuldig, also zu dienen verpflichtet, wenn sie nicht gegen die Richtung der Kraft, die von der Göttin Ma'at bestimmt wird, verstoßen will und die sie dann gegen sich hätte, was zu großen Problemen, Leiden etc. führen würde.

Hat man vertikal unter sich bereits verstorbene Personen liegen, muss man diese ‚ins Herz nehmen', um ihnen die Ehre zu geben, die ihnen zukommt, erst dann erhält man ihren Segen und die Richtung der Kraft kann sich ändern.

Ausführliche Darlegung des Themas von der Wirkung der Richtung der Kraft findet sich in meinem Buch: Die Richtung der Kraft – Familienrepräsentation mit Tarot.

Zuordnung der Hofkarten zu Personen in Herkunfts- und Gegenwartsfamilie:

Herkunftsfamilie
Stab-Königin – Großmutter des Fragenden mütterlicherseits
Stab-König – Bruder oder Vater der Großmutter
Stab-Ritter – großmütterliche männliche Verwandte
Stab-Bube/Page – großmütterliche weibliche Verwandte

Münz-König – Großvater mütterlicherseits
Münz-Königin – Mutter oder Schwester des Großvaters
Münz-Ritter – großväterliche männliche Verwandte
Münz-Page/Bube – großväterliche weibliche Verwandte

Schwert-König – Vater
Schwert-Königin – Mutter oder Schwester des Vaters
Schwert-Ritter – väterliche männliche Verwandte

Schwert-Bube/Page – väterliche weibliche Verwandte

Kelch-Königin – Mutter
Kelch-König – Bruder oder Halbbruder der Mutter
Kelch-Ritter – mütterliche männliche Verwandte
Kelch-Bube/Page – mütterliche weibliche Verwandte

Gegenwartsfamilie
Stab-Königin – Mutter des Partners
Stab-König – Bruder oder Vater der Mutter des Partners
Stab-Ritter – mütterliche männliche Verwandte des Partners
oder ehemalige Partner der Frau
Stab-Bube/Page – mütterliche weibliche Verwandte des
Partners

Münz-König – Vater des Partners
Münz-Königin – Mutter oder Schwester des Vaters des Partners
Münz-Ritter – väterliche männliche Verwandte des Partners
Münz-Bube/Page – väterliche weibliche Verwandte des
Partners oder ehemalige Partnerinnen des Mannes

Schwert-König – Mann
Schwert-Königin – Schwester des Mannes oder frühere Frau
Schwert-Ritter – männliche Kinder oder Neffen des Mannes
Schwer-Bube/Page – weibliche Kinder oder Nichten des
Mannes

Kelch-Königin – Frau
Kelch-König – Bruder der Frau oder früherer Mann
Kelch-Ritter – männliche Kinder oder Neffen der Frau
Kelch-Bube/Page – weibliche Kinder oder Nichten der Frau

Die Elemente in der Magie

Erde - das Reich der Stäbe im kleinen Arkanum

Das Element Erde bezieht sich auf unsere physische Existenz, unsere Umwelt und unseren Körper. Alles das gehört in diesen Bereich, was direkt unsere Gesundheit beeinflusst, wie Nahrung, Sexualität, Wohnung, Kleidung, Familie, ebenso alle materiellen Existenzbedingungen, die mit unserem Planeten zu tun haben, wie geographische Lage, der Ort, an dem wir uns befinden, die Natur usw., im weiteren Sinne: die äußere Realität; die Umwelt.

Wasser - das Reich der Kelche im kleinen Arkanum

Unsere physische Existenz beeinflusst direkt unser Wohlbefinden, unsere Gestimmtheit, Stimmung, Befindlichkeit, wie wir uns fühlen. Das Element Wasser bezieht sich auf unsere Gefühlswelt, Emotionen, Lebensgefühl. Hierher gehört alles das, was mit Liebe, Vertrauen, Träume, Wünsche, die im Verborgenen ruhen, Sehnsüchte usw. und das Jenseits (Ahnen), die Unterwelt, die Nacht, die Seele, im weiteren Sinne: die innere Realität, zu tun hat.

Feuer - das Reich der Schwerter im kleinen Arkanum

Unsere Gefühle leiten wiederum unsere Handlungen. Sie beeinflussen wie wir wirken. Das Element Feuer steht in Verbindung mit Absicht, Ziel, Wille, Antrieb (Energie). Wir befinden uns hier auf der Wirkungsebene: das Feinstoffliche, die Ebene der Magie, Macht und Ohnmacht, Einflussnahme, Politik, Herrschaft usw.

Luft - das Reich der Münzen im kleinen Arkanum

Unsere Absichten beeinflusst wiederum direkt unsere Gedanken. Das Element Luft steht in Verbindung mit Wissen, Bewusstsein, Vorstellungskraft, Mode (Zeitgeist, Darstellung und Selbstdarstellung), Bewegung, Kommunikation, Beziehungen und alles was mit Wandlung und Umwandlung zu tun hat wie die Welt des Geldes, die Wirtschaft, die Medien, usw..

Spirit - das Reich der Götter/Geister/Ausgleichskraft

Unser Vorstellungen, nach denen wir handeln, beeinflussen indirekt oder direkt, weil alles miteinander zusammen hängt, das Gleichgewichtsverhältnis in der Schöpfung und haben demnach Auswirkungen auf die Richtung der Kraft, die ausgleicht. Somit befinden wir uns hier im Bereich des **Großen Arkanum**, das wir zurate ziehen, um zu erfahren, was wir für den Frieden unserer Seele tun sollen bzw. in welche Richtung die Kraft, die ausgleicht wirkt, damit wir sie bei unseren Entscheidungen berücksichtigen können.

Die Ausgleichskraft beeinflusst wiederum direkt unsere Realität auf Erden (**wie oben so unten**): Wir sitzen gewissermaßen fest und können uns weder voran noch zurück bewegen, wenn wir die Ausgleichskraft gegen uns haben.

64

Zwecks Wunscherfüllung durch Magie identifiziere zuerst deinen Herzenswunsch. Dann ordne diesem Wunsch ein Element zu. Anschließend benutze für deinen Zauber entsprechend der Lehre des Taoismus die Attribute des kontrollierenden Elements zur Wunscherfüllung.

Beispiel: Der Wunsch resultiert aus einem Problem mit dem/der LiebespartnerIn. Er betrifft demnach das Element Wasser (Gefühlswelt, Liebe etc.) Wasser wird laut Taoismus kontrolliert von Erde. Die Gegenkraft gehört demnach zum Erdelement. Entsprechend Feng Shui dürfte in diesem Fall eine Disharmonie in den vom Erdelement beherrschten Ba Gua Bereichen unserer Wohnung vorliegen, das wäre SW, Tai Chi und NO.

Die Attribute des Geistes der Erde wären z.B. Edelsteine und Metalle. Wir machen folglich einen ‚Fruchtbarkeits-/ Reichtumszauber', um unser Problem zu lösen. z.B. hilft eine Erdmuttergöttinnen-Statuette aus Stein oder ein schöner Rosenquarz sowie die Anrufung der Erdmuttergöttin bei der Lösung des Problems, denn offenbar fehlt es an Wärme und Geborgenheit. Zusätzlich können wir in den entsprechenden Ba Gua Bereichen der Wohnung mit Feng Shui Maßnahmen für Abhilfe sorgen.

Nehmen wir an, der Wunsch resultiert aus einem Problem mit dem Chef/der Chefin. Er gehört demnach zum Element Luft/Metall (die Welt des Geldes, Wirtschaft und Arbeitsleben) und die Gegenkraft kommt aus dem Feuerelement, da Feuer Metall kontrolliert. In diesem Fall brauchen wir für einen Transformationszauber die Kerzenmagie. Zusätzlich können wir noch Feng Shui Maßnahmen im Bereich Feuer (Süden) ergreifen.

Wenn der Wunsch aus einem Problem mit der Gesundheit resultiert, benutzen wir die Attribute des Naturgeistes wie Kräuterkräfte und rufen Lichtwesen, denn der Wunsch gehört zum Erdelement (Gesundheit, physische Existenz etc.). Holz/Spirit kontrolliert Erde. Holz/Spirit gehört also zur Gegenkraft und diese bewirkt demnach den Ausgleich im Einklang mit der Schöpfungskraft. Eine Feng Shui Beeinträchtigung dürfte im Osten und SO vorliegen.

Bei Problemen mit der Regierung, Obrigkeit, Herrschaft oder mit Gaunern bzw. Schwarzmagiern, gehört der Wunsch zum Feuerelement und wir brauchen demnach die Attribute des Wasserelements in unserem Ritual zum Ausgleich sowie den Beistand der Göttin Aphrodite. Eine Feng Shui Beeinträchtigung liegt in diesem Fall im Norden unserer Wohnung vor.

Bei Problemen, die aus unserem eigenen Geisteszustand resultieren: wir wünschen uns beispielsweise mehr Muße, seelischen Frieden, Klarheit, Lebensfreude etc.; gehört der Wunsch zum Holzelement/Spirit und wir benutzen im Ritual die Attribute des Geistes der Luft/Metall zum Ausgleich. Feng Shui Bereich: W, NW.

Kurz zusammengefasst:
Für einen Erkenntniszauber benutze in deinem Ritual die Attribute des *Geistes der Luft* wie Federn und Rauch.

Für einen Heilungszauber benutze die Attribute des *Naturgeistes* wie Lichtwesen und Kräuterkräfte.

Für einen Fruchtbarkeits-/Reichtumszauber benutze die Attribute des *Geistes der Erde* wie Edelsteine und Metalle.

Zur Anrufung der Göttin und für ein Vollmondritual benutze die Attribute des *Wassergeistes* wie Spiegel, Flüssigkeiten, Muscheln etc..

Für einen Transformationszauber benutze die Attribute des *Feuergeistes* wie in der Kerzenmagie.

Solltest du mit Geistern afroamerikanischer Religionen (Orishas/Loas) arbeiten, halte folgende Entsprechung ein:

Für einen Vollmondzauber begib dich mittels Ritual in MAMI WATAS (Aphrodite) ‚Unterwasserreich'. Für einen Erkenntniszauber stimme dich im Ritual auf OYA (Frau Holle) ein. Für Wohlstand wäre OSAIN (Fortuna) zuständig und SHANGO (Artemis) für den Umkehrzauber. ELEGBA (Loki) als Mittler zwischen oberer und mittlerer Welt, vermittelt zwischen dir und den Göttern/Geistern, wenn es um Heilung geht.

Alle diese Kräfte helfen dir bei der Selbstwirksamkeit oder anders ausgedrückt, bei der schöpferischen Wunscherfüllung.

So können wir mit FRAU HOLLE (Oya) unseren Charakter erkunden und den Preis erfahren, den wir für die Erfüllung unserer Wünsche zu zahlen haben. Er besteht darin, dass wir unseren Schatten erkennen und annehmen müssen.

Mit APHRODITE (Mami Wata) erkunden wir die Astralwelt und sie zeigt uns, wie wir Dämonen, die uns angreifen, in der Unterwelt besiegen können.

LOKI (Elegba) prüft die Echtheit unserer Wünsche und ARTEMIS (Shango) vermittelt uns die Energie, die wir brauchen, um zu handeln und unsere Absicht in die Tat umzusetzen.

FORTUNA (Osain) sorgt schließlich für den Erfolg bei der Erfüllung unserer Wünsche.

Seit Alters her ist Tanz die geeignete Methode, um im Ritual mit den Göttinnen und Göttern Verbindung aufzunehmen. Das tun die Tanzenden Derwische im Orient und Ägypten noch heute. Der Orientalische Tanz mit seinen Wurzeln in Afrika und dem Orient und mit den überlieferten Bewegungen bis weit über die Zeit der Antike hinaus ist deshalb hierfür besonders geeignet.

Element Luft: Tanze einen Schleiertanz, um Frau Holle zu kontaktieren.
Element Wasser: Tanze einen Baladi zu Aphrodites Ehren.
Element Holz/Spirit: Tanze einen Stocktanz für Loki.
Element Feuer: Tanze einen Trommeltanz für Artemis.
Element Erde: Fortuna freut sich über einen Zimbeltanz.

Lebe ekstatisch im Rhythmus deiner Natur und verbinde dich in Liebe mit deinem Tag.

Wenn du Schwierigkeiten hast, dich in Liebe mit deinem Tag zu verbinden, dann solltest du zuerst deinen feinstofflichen Körper, deine Aura, reinigen. Ich empfehle zur Reinigung des feinstofflichen Körpers die **5 Tibeter** (Yoga-Übungen) regelmäßig morgens auf nüchternen Magen. Jedoch, wenn du schwanger oder krank bist, solltest du eine andere Methode wählen.

Der erste Tibeter (rücklings liegend) reinigt den Astralkörper (Wasser). Der zweite Tibeter (knieend) reinigt den Kausalkörper (Holz/ Spirit). Der dritte Tibeter (sitzend) reinigt den Vitalkörper (Feuer). Der vierte Tibeter (bäuchlings) reinigt den Ätherkörper (Erde) und der fünfte Tibeter (stehend drehen) reinigt den Mentalkörper (Luft).

Schaffe dir ein harmonisches Wohnumfeld nach Feng Shui Kriterien und dein Lebensgefühl wird sich weiter verbessern.
Deine Nahrung sollte zu 2/3 aus Rohkost und nur zu 1/3 aus verarbeiteten Lebensmitteln bestehen. So vermeidest du Zivilisationskrankheiten.

Grundkenntnisse im Orientalischen Tanz sind sehr hilfreich, um den ‚Alten Pfad' der Verbindung mit dem Göttlichen zu beschreiten, weil Bauchtanz uns wieder in Kontakt mit unserem Bauchgefühl bringt. Bei regelmäßigem Training gelingt es uns dann mit der Zeit immer leichter, den ‚Schleier der Isis' zu lüften.

Bild der Sphinx

Der Schleier der Isis

Den Gedanken von Bauchtanz als Therapie zwecks Verbindung von Körper und Geist legt der Schlangenkult vieler alter Völker nahe. Die Kundalinischlange ('der Schleier der Isis') im Wurzelchakra am Ende der Wirbelsäule repräsentiert die schlafende seelische Kraft, die Lebensenergie im Hinduismus ebenso wie im alten Ägypten.

Den alten Ägyptern ging es mit ihrem religiösen Kult einst hauptsächlich um die Sicherheit der Seele im Diesseits und Jenseits. (Shah) Diesem Zweck diente auch der Bauchtanz, da sich im Bauch die sexuellen Organe befinden, die gleichzeitig Sitz der spirituellen Energie, der Lebensenergie (Seele) sind.

Die Sexualität (Körper/Bedürfnisse) ist der Transmissionsriemen des Menschen für die Erkenntnis seiner Seele, von sich selbst, der Liebe, des Lebens. Sexuelle Triebe, das Bauchgefühl, muss man einschätzen lernen. Sie dienen dem Menschen als Treibstoff für den Geist.

Wir kennen alle aus der Bibel die Allegorie von der Schlange und dem Apfel vom Baum der Erkenntnis. Aber entgegen der klerikalen Behauptung, wonach die Schlange der Teufel ist, bedeutet 'den Apfel vom Baum der Erkenntnis essen' in Wirklichkeit, Sexualität hinterfragen lernen und die Seele (Schlange/Chi = Lebenskraft) erkennen. Die Schlange ist die Seele! Und die Seele folgt der Ma'at, der großen Göttin! Solange der Mensch seine Seele nicht kennt, besteht die Gefahr, dass er in die Falle tappt und leidet.

Die Allegorie in der Bibel besagt genau genommen: Dadurch, dass du deiner Seele (Schlange) zuhörst, die vermittels deines Körpers (Baum der Erkenntnis) mit dir kommuniziert, nimmst du deine Bedürfnisse (Apfel) selbst wahr, indem du sie erkennst (essen = erkennen). Jetzt bist du in der Lage, die richtigen Entscheidungen zu treffen und die Verantwortung für dich selbst zu übernehmen.

Oder, um es nochmals mit Edgar Cayce anders auszudrücken: *'Geist ist mehr als Bewusstsein. Das Bewusstsein entsteht erst in der Inkarnation durch das Anwenden des Willens auf die Begierde.'*

Sexualität ist der Transmissionsriemen für den Geist, den Spirit. Immer wenn Sex ohne Liebe geschieht, wird die Lebenskraft (Seele) geschwächt und somit der Geist/Wille verdunkelt. Dann hat man keine Durchsetzungskraft im Unbekannten, in der Unterwelt, im Feinstofflichen, in der Astralwelt mehr. Man hat keine Magie mehr. Man kann nicht mehr zaubern. Niemand agiert in der Unterwelt für einen. Anstelle des Geistes zieht Angst (Schatten/ Negativität) in den Körper ein. Der ‚Montagepunkt' (Castaneda) verschiebt sich. Der Montagepunkt ist der innere Halt, der Bezugspunkt, **die Mitte**, ist das, was uns im Innersten zusammenhält, unsere Absicht ausmacht, unser Weltbild konstituiert, unserem 'spirituellen Ideal' (Cayce) entspricht, uns seelisch-geistige Stabilität verleiht. Den Montagepunkt zu verschieben heißt nicht, einfach nur die Perspektive zu wechseln, sondern den Willen, die Absicht neu auszurichten, an veränderte Umstände anzupassen. Bei unabsichtlicher Verschiebung aufgrund äußerer Umstände, weil sich das Gleichgewicht verändert, wie z.B. bei existenziellem Widerspruch, droht Orientierungslosigkeit, Verwirrung, Gefahr. Die Lücke im Energiekörper entsteht, durch die der Tod eintreten kann. In den Tod eintreten heißt: in die Zeit eintreten. In die Zeit eintreten heißt: in die Bewegung, in die Veränderung eintreten. Die Zeit verändert alles, auch die Wörter. Aber das Bewusstsein kann den Tod aufhalten. Deshalb frage dich bei sexuellen Begierden immer: „Bringen sie die Wärme, das Licht? Oder bringen sie Krankheit, Hass und Angst?" (Cayce) Denn nur, wenn sie die Wärme, das Licht bringen sind sie im Einklang mit deinem Geist und dienen deinem Leben.

Bauchtanz und Meditation sind gut für unseren Geist, weil die Schatten ins Bewusstsein geholt und dadurch verwandelt werden, weil wir auf diese Weise entsprechend der altägyptischen Vorstellung „Ma'at darbringen". Mit Orientalischen Tanz stärken wir unsere Aura. Es geht um Selbstannahme, Körpergenuss und Wohlgefühl. Das beinhaltet die Abweisung von Fremdbestimmung, die Reinigung von Schatten und das bedeutet: Stärkung der Lebenskraft, der Magie. Denn eine starke Aura bedeutet Schutz.

Bevor man stirbt sollte man daher noch zu Lebzeiten den Geist von Schatten/Negativität befreien (die Aura heilen) und damit sein Lichtwesen schaffen, dann ist man auch im Jenseits sicher.

Bild des Gottes Thot

Magischer Bauchtanz – die Elemente in der Bauchtanz-meditation

Wie wir vom Voodoo wissen, verbinden sich Voodoo-Anhänger im Trance-Tanz mit dem invozierten Geist, daher können die invozierten Geister als Vermittler auftreten. Sie vermitteln einen Zugang zu den existentiellen Wahrheiten des Daseins und können dadurch verdrängte Traumata und Leiden der Tänzer heilen. Die Kraft der invozierten Geister hilft den Tänzern ihre blockierte Lebensenergie freizusetzen, welche durch die Traumata oder Leiden gebunden ist.

Die Bewegungen in der Trance sind für den speziellen Geist und die Eigenschaften der in der Trance freigesetzten (erlösten) Traumata charakteristisch. Die Tänze der Wasser- und Schlangengeister bestehen aus schlängelnden, fließenden Grundbewegungen, während stampfende, wirbelnde, elektrisierende Bewegungen den Erd- oder Feuergeistern zugeordnet werden können. Geister der Göttin bzw. des Gottes zeigen sich durch stoßende, wackelnde oder wiegende Bewegungen mit Becken und Hüfte.

Wenn wir das einmal in der Bauchtanzmeditation ausprobieren wollen, dann helfen nach meiner Erfahrung z.B. die Geister der Luft bei Problemen mit dem Glück, der Zufriedenheit, dem eigenen Geisteszustand. Tanze in diesem Fall hauptsächlich mit dem Brustkorb und Oberkörper wie z.B. Schulter-Shimmie, Bewegungen der Schultern und Arme, Hände, Brustkorbkreisen, -schieben, -heben und senken, Kamel. (6. u. 7. Chakra)

Bei Gesundheitsproblemen (persönlichen Ungleich-gewichten) tanze Schwung, Kippen, Pendel, Halbkreise, Schieben von Becken und Hüfte (Holzgeister). (2. Chakra)

Bei Liebesproblemen die Erdgeister bzw. die Göttin und den Gott anrufen mit Tänzen des Stampfens, des Schwappens wie z.B. Drop-Schritte, ¾ Shimmie-Schritte, Twist, Hagalla, Bauchschwapp. (1. Chakra).

Bei Autoritätsproblemen (Minderwertigkeitskomplex) für mehr Selbstvertrauen Kreise, Achten, Wellen tanzen (Wassergeister). (3. und 5. Chakra)

Bei Problemen mit dem 'lieben Geld', mit der Motivation im weitesten Sinne, helfen die Feuergeister. Also müssten wir zum Ausgleich wirbeln, schütteln, drehen und zucken, zittern (= Shimmie) in allen Variationen und Drehungen tanzen. (4. Chakra)

Derart können wir die mit den jeweiligen Problemen einhergehenden unangenehmen Gefühle umwandeln, denn Energie folgt der Aufmerksamkeit. Der Körper macht die Bewegung und die Seele folgt allmählich nach. So stellen wir wieder den Kontakt zu uns und unseren ureigensten Wahrheiten her, der uns durch die Zivilisation abhanden kam.

Während beim Voodoo bis zur Erschöpfung getanzt wird, gilt es bei der Bauchtanzmeditation den Schatten derart zu verwandeln, dass wir uns auf den Körper konzentrieren, die Verspannung wahrnehmen und in der Hingabe an die Bewegung und im Versenken in den Rhythmus vergessen, loslassen, entspannen. Dabei gilt: je freier wir uns bei der Bewegung fühlen, desto besser sieht es aus, desto gründlicher haben wir den Schatten überwunden, der unseren Geist verdunkelt. In dem einen Fall entspannt man durch Erschöpfung, in dem anderen Fall durch Ekstase, ein Zustrom neuer Lebensfreude, denn Bauchtanz ist Göttinnendienst.

Wenn durch die permanente isolierte Bewegung einzelner Körperteile in der Bauchtanzmeditation zeitversetzt Blockierungen ins Bewusstsein kommen wollen, kann sich das z. B. in Zuständen von Beklemmung oder Schmerz äußern, oder es kommt zu Panikattacken, Albträumen und dergleichen mehr, die in der Regel nachts auftreten.

Erste Hilfe bei derartigen Zuständen ebenso wie bei schwarzmagischen Angriffen, die sich genauso äußern, bietet aus schamanischer Sicht das Handauflegen auf die schmerzende Stelle wie folgt:

Man lege sich in der Haltung des Gehängten (Tarot) auf das Bett oder auf eine Decke am Boden, entweder auf den Rücken oder auf den Bauch, je nachdem was angenehmer ist.

Die rechte Hand lege man auf die schmerzende Stelle am Körper (oder auf das Herz, wenn keine schmerzende Stelle auszumachen ist, wie bei Panikattacken und Albträumen), die linke Hand auf eine der 8 Zentren und 4 Ecken des Körpers: Scheitel, Kehle, Schultern, Herz bzw. Zwerchfell, Nabel, Hüften, Schambein, Steißbein, Knie, Fußsohlen; vorzugsweise auf eine Stelle möglichst weit weg von der schmerzenden Stelle.

Dann konzentriere man sich auf seine Hände einschließlich der Stelle, wo die Hände aufliegen und lenke den Atem. Dabei atme man tief in das Herz ein und in die Hände aus. Die Gedanken werden durch die Konzentration auf die Ein- und Ausatmung beruhigt. Man denke also unentwegt an die Hände und die Körperstelle, die sie abdecken und atme tief ein und aus. Das dürfte allmählich zu einer Beruhigung und das Nachlassen des Schmerzes führen, wodurch man sich wieder entspannen kann, oder, falls der Anfall nachts auftritt, wieder einschlafen kann. In der Regel erscheinen anschließend die Ursachen der Blockierung im Traum.

Sollten zeitversetzt Gefühle hochkommen, lasse man sie zu und gebe sich ihnen hin. *Gefühlswallungen sind erfahrungsgemäß von kurzer Dauer, führen aber zu den Ursachen der Blockierung.* (Cantieni) Sobald sie im Bewusstsein angekommen sind, ist man befreit.

Amulette und Talismane

Für Hexen und Heiler haben Amulette und Talismane eine besondere Bedeutung. Talismane sind dem Volksglauben zufolge Glücksbringer. Wir kennen z.B. u. a. das 4-blättrige Kleeblatt, das Hufeisen, den Glückspfennig und die Hasenpfote als Glück bringend.

Deshalb ist es ein gutes Zeichen, wenn man eine Münze findet, für den Fall, dass man gerade darüber nachgedacht hat, wie man das Geld für die Erfüllung eines besonderen Wunsches bekommen soll. Nimm die Münze an dich und es wird sich schon alles für den Erhalt der gewünschten Summe von selbst ergeben. Ein starker Glaube an diesen Sachverhalt tut natürlich sein Übriges.

Amulette sind zum Abwenden von Unglück gedacht. Sie sollen den Träger schützen und aktiv Schädliches fernhalten, während Talismane Glück anziehen sollen. Deshalb müssen Amulette im Gegensatz zu Talismane eigens magisch aufgeladen bzw. geweiht werden, damit sie ihre Schutzfunktion erfüllen können.

Wie weiht man ein Amulett?

Hier gibt es sicher verschiedene Vorgehensweisen, je nach Vorlieben des Trägers. Ich weihe meine Amulette, indem ich sie 24 Stunden in Salz lege und anschließend 24 Stunden am Körper trage. Sie sind dann vollkommen mit meiner Aura gesättigt und können ihre magische Arbeit des Schutzes für mich persönlich ausführen. Sie sind sozusagen auf mich geeicht.

Die Bedeutung eines Amuletts ergibt sich aus seiner kulturellen Herkunft. Der indianische Traumfänger ist z. B. ein Amulett, das vor Albträumen schützen soll. Das Auge des Horus ist z.B. ein Amulett, das vor dem Bösen Blick schützen soll. Das Kreuz der Tuareg soll z.B. vor Schwarzmagiern schützen.

Man muss jedoch nicht dem jeweiligen Kulturkreis angehören, um ein beliebiges Amulett für den eigenen Gebrauch zu nutzen. Die Amulette tun ihre Dienste für jeden, für den sie geweiht werden, um ihrem vorherbestimmten Zweck nachzukommen. Aber auch hier ist die Erwartungshaltung des Trägers aufgrund seiner Erfahrung ganz sicher von Bedeutung.

Bild: Amulett der Erdmuttergöttin

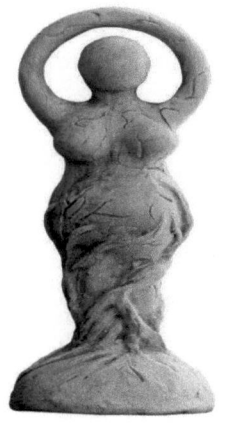

Von der Erdmuttergöttin versprach man sich in der Altsteinzeit Schutz und Nahrung, Fruchtbarkeit, Leben und alles Weitere, was eine Mutter gibt, wie Wärme und Geborgenheit. Durch ein Loch im Material (Stein, Knochen, Elfenbein, Ton) oder wie im Bild oben durch den Armbogen konnte man Schnüre ziehen und das Amulett um den Hals hängen. Diese Amulette waren i.d.R. kleiner als 10 cm.

Berühmtes Beispiel eines ca. 30000 Jahre alten Erdmuttergöttin-Amuletts zum Schutz vor Not und Elend ist die Statuette der ‚Venus von Willendorf‘.

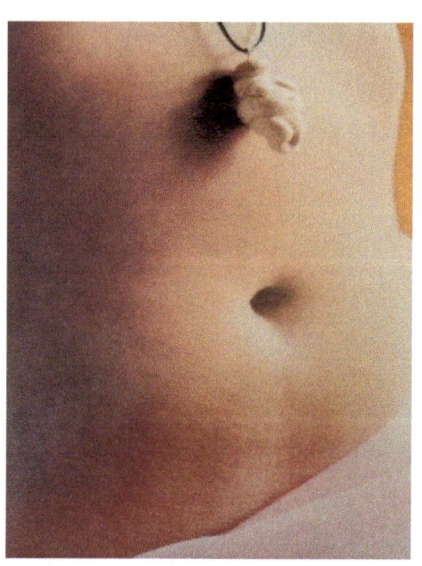

Bevor man einen Zauber wirkt, sollte man sich immer mit seinem Schutzgeist/Göttin verbinden. Der Zauber wirkt dann mithilfe des Schutzgeistes/Göttin und man selbst kommt dadurch nicht zu Schaden.

Hierfür gibt es zwei bewährte Amulette: das keltische Kreuz und das alt-ägyptische Ankh. Beide Amulette stellen, sobald sie geweiht sind, die Verbindung zu höheren Mächten her.
Besorge dir eins dieser Amulette und weihe es bevor du Zauber wirkst. Dazu legst du es zuerst 24 Stunden in Salz, damit es von Fremdenergien gereinigt wird.
Anschließend konzentriere dich auf deinen Schutzgeist/ Göttin und entzünde ein Räucherstäbchen (z.B. Palo Santo, Weihrauch oder Sandelholz). Halte das Amulett in den Rauch und sprich den entsprechenden Weihespruch (S. 124).

Das Gesetz der Drei

Als Hexen und Heiler verbinden wir uns wie schon gesagt auf der geistigen Ebene mit unseren Göttinnen und Göttern.
Überlieferte Amulette für diese Verbindung sind insbesondere das Keltische Kreuz und das alt-ägyptische Ankh.

Beide Amulette erinnern uns an das ‚Gesetz der Drei' als Geheimnis unserer Existenz.
Wir existieren in drei Räumen: oberer, mittlerer und unterer Welt und in drei Zeiten: Vergangenheit, Gegenwart und Zukunft

Alle diese Zeiten und Räume befinden sich in einer Sphäre, symbolisiert als Kreis und sind miteinander verbunden, symbolisiert als Kreuz.
Auf der horizontalen Achse des Kreuzes befinden sich die Zeiten und auf der vertikalen die Räume.

Alles Lebende existiert zeitlich in der Gegenwart und räumlich in der mittleren Welt, symbolisiert durch den Mittelpunkt des Kreuzes.
Hexen und Heiler haben gelernt auf der geistigen Ebene zwischen Räumen und Zeiten zu wandern, um Göttinnen und Göttern zu begegnen, denn sie können mit den Gefahren umgehen, die ihnen auf dieser Wanderung eventuell begegnen.

Zusammenfassung:
Das Keltische Kreuz ebenso wie das alt-ägyptische Ankh ist als Zeichen des Lebens ein Amulett zum Schutz vor Zerstörung und für die Verbindung von zwei nebeneinander existierenden gegensätzlichen Bereichen: z.B. dem Irdischen auf der Querachse mit dem Himmlischen auf der

Längsachse, dem Männlichen auf der Querachse mit dem Weiblichen auf der Längsachse, dem ‚Bösen' auf der Querachse mit dem ‚Guten' auf der Längsachse, dem Zeitlichen auf der Querachse mit dem Räumlichen auf der Längsachse, dem Diesseitigen auf der Querachse mit dem Jenseitigen auf der Längsachse, dem Menschlichen auf der Querachse mit dem Göttlichen auf der Längsachse etc.. Es sind beliebig viele Gegensatzpaare möglich.

Im Schnittpunkt der beiden Achsen des Kreuzes begegnen sich die Gegensätze und verbinden sich, sodass Leben in Harmonie möglich ist.

Das nach Harmonie strebende Universum ist der ewige Tanz von Energie und Materie. Dabei wird alles von seinem Gegenpol aufgeladen. (Heraklit) Jede Einseitigkeit führt auf die Dauer zur Zerstörung. Daraus folgt für die Praxis der Konfliktlösung die Notwendigkeit, zu versuchen auf dem entgegengesetzten Weg das Gegenmittel aufzufinden.

Zaubersprüche und Rituale

Im Folgenden habe ich exemplarisch Zaubersprüche und Rituale zum Experimentieren für die eigene Praxis aufgeschrieben. Jeder fühle sich frei, die vorgeschlagenen Sprüche und Rituale zu benutzen oder nach eigenen Bedürfnissen abzuändern.

All jenen, die Bedenken haben, Zauber zur Selbstverteidigung zu wirken, möchte ich Goethe's Gedicht zum Thema ‚Not, Elend' in Erinnerung rufen:

Feiger Gedanken

Bängliches Schwanken,

Weibisches Zagen,

Ängstliches Klagen

Wendet kein Elend,

Macht dich nicht frei.

Allen Gewalten

Zum Trutz sich erhalten,

Nimmer sich beugen,

Kräftig sich zeigen,

Rufet die Arme

Der Götter herbei!

Johann Wolfgang von Goethe

Einen magischen Schutzkreis ziehen

Um unerwünschte Einflüsse während eines Rituals zu bannen, ziehe um dich herum den magischen Schutzkreis.

Wir benutzen stehende Pentagramme für den magischen Schutzkreis. Wir ziehen mit dem Zeigefinger oder Zauberstab ein anrufendes Pentagramm (anrufend = im Uhrzeigersinn) im Osten in Augenhöhe in die Luft. Dabei sprechen wir:

Geist (oder ‚Hüter‘, ‚Wächter‘) des Ostens,

ich rufe dich,

schütze mich!

Wir wiederholen diesen Vorgang für den Süden, Westen und Norden.

Damit haben wir den magischen Schutzkreis gezogen.

Zur Auflösung des magischen Schutzkreises nach erfolgtem Ritual ziehen wir das stehende Pentagramm entgegen den Uhrzeigersinn. Wir beginnen wieder im Osten. Dabei sprechen wir:

Geist des Ostens,

ich bedanke mich

und entlasse dich!

Anschließend folgen Norden, Westen und Süden. Damit ist der Kreis geöffnet.

Beschwörung eines Geistes

Beobachte einen Tag lang deine negativen Gedanken und schreibe sie auf einen Zettel. In der Dämmerung ziehst du um dich herum den magischen Schutzkreis, indem du mit dem Zeigefinger oder Zauberstab in alle vier Himmelsrichtungen ein stehendes Pentagramm im Uhrzeigersinn in die Luft malst. Beginne im Osten, dann folgen Süden, Westen, Norden. So geschützt verbrennst du den Zettel in einem feuerfesten Gefäß (z.B. großen Aschenbecher) und übergibst auf diese Weise dem Geist des Feuers all deine negativen Gedanken. Sprich während der Zettel verbrennt:

> *Geist des Feuers nimm die Gedanken,*
> *die mich fesseln,*
> *verwandle sie und brich die Ketten,*
> *gib Klarheit mir und hilf mich retten.*

Wiederhole den Spruch solange wie das Feuer brennt. Wenn das Papier herunter gebrannt ist, danke dem Geist des Feuers, verabschiede dich von ihm, öffne den magischen Kreis und entlasse den herbei gerufene Geist des Feuers.

Einen Fluch brechen I

Salz hilft bei Verfluchtsein. Mixe dir eine große Flasche Salzwasser und beim nächsten Duschen gießt du sie dir abschließend über den Kopf. Achte darauf, dass das Wasser den ganzen Körper abwäscht. Stell dir dabei vor wie alles negativ Anhaftende mit dem Salzwasser im Abfluss verschwindet. Dazu sprichst du einen Reinwasch-Spruch, der sich reimt. Am besten ist es, wenn du dir den Spruch selbst ausdenkst. Du kannst aber auch meinen Spruch benutzen (s. u.). Anschließend bedankst du dich bei der großen Göttin bzw. Mutter Erde für ihre Hilfe und opferst dem nächsten Tierheim eine Spende. Damit sollte die Sache erledigt sein.

Geist der Erde, nimm weg den Fluch,
der mich gefunden.
Verwandle ihn, lass mich gesunden.
Nimm ihn zurück! ·
Zu meinem Glück bin ich jetzt frei.
Und das ist fein, so soll es sein.

Einen Fluch brechen II

Ziehe in der Dämmerung um dich herum den magischen Schutzkreis. Begib dich in deine Meditationshaltung und atme mehrmals tief durch bis du ruhig und entspannt bist. Schließe die Augen und visualisiere den Fluch in Form eines auf dem Kopf stehenden schwarzen Pentagramm. Nun richte einen Energiestrahl aus reinem gleißenden weißen Licht von dir aus auf das Pentagramm. Siehe wie sich das Pentagramm allmählich vom Kopf auf die Füße dreht und strahlend weiß wird. Der Fluch ist gebrochen. Beende die Meditation.

Als Priesterin wirken

Wenn du dem ‚Alten Pfad‘ folgst, haben wir bei Vollmond eine Verabredung mit der ‚Kraft‘. Wir werden uns auf den Naturgeist in uns beziehen und einen Bannfluch sprechen, um unsere Peiniger zu bestrafen. Dazu brauchen wir von ihnen keine persönlichen Gegenstände. Es genügt vollkommen das auszusprechen, was wir verbannen. Wie sagte doch einst ein großer Philosoph? „Die abwesenden Dinge nennen, heißt den Bann der existierenden Dinge brechen." (H. Marcuse)

Für diesen Zauber brauchst du:

Einen Apfel: Er symbolisiert in diesem Fall das ‚globale Ausmaß‘.
Minze: Sie symbolisiert das menschliche Leiden.
Grünes Band: Es symbolisiert die gebundene Lebenskraft.
Einen Holzspieß: Er symbolisiert die Absicht.
Das Papier mit dem Zauberspruch.

Wenn der Mond sichtbar ist, bring dich in Stimmung. Tanze z.B. einen Baladi, oder schlage eine Schamanentrommel, je nach dem, was dir hilft, deinen Alltagshorizont zu überschreiten und deinen Naturgeist zu kontaktieren.[12] Ziehe den Mond auf dich herab und gehe in deiner Vollmond-Trance vor deinen Altar oder Schrein. Zünde eine Kerze an. Dann halbiere den Apfel. Die eine Hälfte des Apfels innen mit Minze einreiben und dabei

---

12 Alkohol und Drogen sind nicht erlaubt. Sie verfälschen das Bewusstsein.

dreimal laut aussprechen, was gebannt werden soll. Hierfür kannst du diesen Spruch benutzen.

In mir wirkt die Große Göttin dabei,
in Gestalt der mächtigen Drei,
das Übel zu zerstören
und Freiheit zu gewähren.
Der Missbrauch der Macht
ist hiermit zu Fall gebracht,
damit die Inszenierung der Seuche
von diesem Planeten entweiche.
Allen Betrügern, die uns bestehlen,
wird jetzt der Lebensmut fehlen.
Was sie für uns ersonnen,
ist über sie selbst gekommen.

Das ist mein Wille, ich bin so frei.
Die Göttin hilft und steht mir bei.
Für jeden ersichtlich, so richtet sie's ein.
Der Fluch der bösen Tat holt alle ein.
Für immer gebannt,
weil ich es genannt,
in dieser Nacht.
So ist es vollbracht.

Das Papier mit dem Zauberspruch an der Kerze entzünden und verbrennen. Anschließend den Apfel mit dem Holzspieß zusammen stecken und mit dem grünen Band umwickeln. Nun das Ganze draußen an einem stillen Ort, der nur dir bekannt ist, in der Erde vergraben. Sobald der Apfel verfault ist, sollte das Problem gelöst sein.

Der abnehmende Mond wird jetzt das ‚globale Ausmaß des Leidens' mit sich fort nehmen und die darin gebundene Lebenskraft wieder frei setzen.

Anschließend vergiss das Ganze und sei guter Dinge in der Gewissheit, dass die Große Göttin für uns sorgt und helfende Hände dich nachts in der Unterwelt stützen.

Sollte sich der Vollmond in dieser Nacht jedoch nicht zeigen, lass von dem Ritual ab. Offensichtlich hat die Große Göttin andere Pläne.

Anrufung der Göttin

Ave Maria,
Mutter Gottes,
Große Göttin
steh mir zur Seite
in Freude und Angst,
in Licht und Finsternis,
im Werden und Vergehen.
Durch Raum und Zeit
nimm weg das Leid.
Hilf mir, mich zu befreien.
Der Gegner muss es bereuen.
So soll es sein.

Spruch gegen Schlaflosigkeit

Bitte den Mond, dir beim Schlafen zu helfen. Sammle dich eine kleine Weile auf dich selbst bevor du zu Bett gehst. Vielleicht mithilfe einer kurzen Meditation. Wenn du im Bett liegst, konzentriere dich auf deinen Atem. Stell dich auf deine Nase ein und atme ein und atme aus. Atme in das Herzchakra ein und in das Sakralchakra aus. Übe das ein kleine Weile, dann sprich innerlich während du weiter ins Herzchakra ein und ins Sakralchakra ausatmest:

Große Göttin, die Du wachst,
schütze meinen Schlaf
ganz tief heute Nacht.
Damit ich sehe, dass Du vollbracht,
das Wunder einer guten Nacht.

Wiederhole diesen Spruch bis du einschläfst.

Ein weiterer Einschlafspruch

Das Trauma jetzt im Traum zerrinnt.
So wie die Spinne ihr Netzwerk spinnt,
so wird es wieder abgebaut.
Durch Raum und Zeit
der alte Alb vom Traum geklaut.

Instant-Spruch für einen Transformationszauber

Dieser Zauberspruch ist die Lösung für alle Probleme. Es muss lediglich je nach gewünschtem Ergebnis die sechste Zeile ausgetauscht und an die eigene Absicht angepasst werden.

Ich rufe die Große Göttin herbei
in Gestalt der Mächtigen Drei.
Nimm weg dies Übel
und mache mich frei.
Durch die Macht von 3 x 3
geht es mir gut.
Das ist mein Wille,
auf dass es so sei.

Den Spruch 9 x hintereinander sprechen.

Erklärung:

Mit 'Gestalt der Mächtigen Drei' ist die Dreigestaltige Göttin gemeint. Sie ist zuständig für Transformation.

Die Zeile 'geht es mir gut' wird ausgetauscht, je nach Wunsch, z. B.:

bin ich schön
bin ich schlank
bin ich wohlhabend
bin ich gesund
bin ich glücklich

bekomme ich den Job
finde ich die Liebe
finde ich Freunde
habe ich schöne Träume
kann ich schlafen
kann ich klar sehen
erkenne ich die Wahrheit
...

usw. - Du weißt, was du am dringendsten brauchst, was dein sehnlichster Wunsch ist, ergänze es selbst.

Natürlich kannst du anschließend nicht die Hände in den Schoß legen, sondern du musst für einen gesunden Lebenswandel ebenfalls etwas tun, um das Ziel mithilfe der Göttin zu erreichen. Die Göttin steht dir bei.

Im Falle von 'Schönheit', musst du vielleicht lernen, dich selbst zu lieben und unschöne Gewohnheiten aufgeben wie z. B. Rauchen, Trinken, zu viel oder das Falsche essen etc., Illusionen aufgeben, Enttäuschungen als solche akzeptieren und aus ihnen lernen.
Das Gleiche gilt für 'Schlankheit'.
Beim Problem 'Wohlstand' solltest du vielleicht deine Einstellung zum Geld überprüfen. Bist du geizig oder großzügig, bist du naiv oder ‚clever‘, läufst du dem Geld hinterher oder vertraust du auf dein Glück, bist du missgünstig oder gönnerhaft deinen Mitmenschen gegenüber? Wie gehst du mit deiner Energie um? Verausgabst du dich oft für andere und hast dann keine Kraft mehr für dich selbst, für das, was du eigentlich willst? GEBEN und NEHMEN müssen immer ins Gleichgewicht gebracht werden. Der Reiche muss

von seinem Reichtum abgeben und der Arme muss das ihm Zustehende einfordern, andernfalls haben beide die natürliche Kraft des Ausgleichs – die Göttin Ma'at – gegen sich.

Bei dem Problem 'Krankheit' musst du dir selbst, deiner Seele zuhören lernen und aufhören, gegen dich zu handeln. Trenn dich ggf. von 'giftigen' Menschen und/oder ändere deine innere Entscheidung.

Die Themen ,guter Job', ,Freunde', ,Liebe' haben viel mit Vertrauen ins Schicksal zu tun. Das sind Dinge, die einem zufallen, die man geschenkt bekommt. Hier kann man nichts erzwingen, nur darauf vertrauen, dass die Göttin einem hilft, den eigenen Charakter zu formen. Um zu erfahren, wie deine Chancen stehen, kannst du das Orakel befragen.

Die Themen Träume, Schlafen, 'klar denken' haben mit Stress-Abbau zutun. Versuche mehr Zeit in der Natur zu verbringen und ggf. mehr Sport zu treiben.

Die ,Wahrheit' kann man erkennen, wenn man sich nach Innen wendet (z.B. Traumdeutung, Meditation, Orakel befragen) und darauf vertraut, dass die Göttin einem bei der Erkenntnis hilft.

Wiederhole von Zeit zu Zeit diesen Spruch, der deine Absicht enthält, solange bis das Ziel erreicht ist.

Einfacher Zauberspruch und Kerzenmagie

*Ich rufe die große Göttin herbei
in Gestalt der mächtigen Drei.
Nimm weg dies Übel, mach mich frei.
Durch die Macht von 3 x 3
wirke der Zauber,
auf dass es so sei.*

Kerzenmagie

Spruch beim Kerze-anzünden aufsagen. Flamme beim Brennen beobachten.
Kerzenflamme flackert abwechselnd mit ruhigen Phasen = Geist ist anwesend.
Beim Löschen mit dem Kerzenlöscher: weißer Rauch steigt auf = Segnung.
Weißer Rauch fliegt zu mir hin = Wunsch geht in Erfüllung.

Einen Unschuldigen retten

Ich rufe die Große Göttin herbei,
in Gestalt der Mächtigen Drei.
Nimm weg das Übel
mache -Name des Unschuldigen- frei.

Die Tage seiner/ihrer Feinde
müssen weniger werden.
Das Amt seiner/ihrer Feinde
muss ein anderer empfangen.
Sie sollen selbst erleben,
was sie begangen.

Die Große Göttin steht -Name des Unschuldigen- jetzt bei.
Im Namen der Ma'at bin ich so frei,
die Köpfe seiner/ihrer Feinde
zu verbannen vom Antlitz der Erde.
Das ist mein Wille,
auf dass es so werde.

Dieser Zauber[13] kann, wenn von einer Priesterin der „Alten Religion" 3 x gesprochen, transformierend auf die Realität wirken. Denn eine Priesterin befindet sich im Einklang mit der Göttin Ma'at, deren Erlaubnis zum Ausüben des Zaubers sie vorher eingeholt hat.

---

13 Frei nach einer Idee in der Bibel, Psalm Davids 109, Vers 8

Vollmondritual

1. Am Abend des Vollmonds nimm ein Bad oder eine Dusche. Kleide dich in dein Ritualgewand.

2. Wenn der Mond aufgegangen ist, gehe auf den Balkon oder in den Garten und ziehe den Mond energetisch auf dich herab: Breite die Arme aus und spüre die Mondenergie über die Handflächen in deine Arme strömen, kreuze die Arme über der Brust und lass die Energie über die Hand-innenflächen in dein Herz strömen. Sprich:

Sei willkommen, Frau Luna,

in dieser Nacht,

schenk mir den Zauber,

an den ich gedacht.

Stärke mein Wandeln

mit Energie zum Handeln.

Gib mir die Macht,

dass es werde vollbracht.

3. Gehe anschließend vor deinen Altar, ziehe den magischen Kreis groß genug und tanze darin zwecks Steigerung der Energie vor dem Abbild deiner Göttin einen Baladi. Dieser Tanz verschafft dir die zum Zaubern nötige Ich-Transzendenz.

4. Sobald du die Anwesenheit deiner Göttin energetisch spürst, kannst du mit deinem magischen Vorhaben beginnen: z.B. Liebes-zauber, Amulettweihung, Gesundheitszauber, Tinktur abfiltern, Salbe herstellen, Kräuterweihe,

Orakel befragen, etc., je nach dem, was dir gerade wichtig ist.

5. Nachdem du damit fertig bist, bedanke dich mit eigenen Worten bei deiner Göttin für ihren Beistand. Bringe ein Trankopfer dar und verabschiede dich von ihr, indem du vor ihrem Abbild niederkniest und mit zusammen gelegten Händen dein Drittes Auge berührst. Verharre eine kleine Weile in dieser Haltung mit der Zuversicht, dass die magische Kraft nun das vollbringe, was du gewünscht, auf dass es gelinge. Öffne den magischen Kreis.

6. Beende das Ritual, sprich nicht darüber und denke nicht weiter darüber nach.

Vollmond Liebeszauber

Im Rahmen eines Vollmondrituals (siehe oben) salbe eine rosa Kerze mit Basilikum und Zimtöl und schreibe auf einen Zettel den Namen des Paares, für den der Zauber gemacht wird.

Zünde die Kerze innerhalb eines Kristallgitters in Form einer horizontal liegenden Acht aus 10 Rosenquarzstücken und 12 spitzen Bergkristallen (immer abwechselnd gelegt) an. Die Kerze markiert den Schnittpunkt der beiden Kreise der Acht. Lege den Zettel unter die Kerze.
Visualisiere im Kerzenlicht das glückliche Paar dann sprich dreimal hintereinander:

In dieser gesegneten Nacht
bitte ich Aphrodite,
mir den Wunsch zu gewähren,
zwei Herzen zu vereinen.
Das Glück soll sie nähren.
Von nun an und in Zukunft
mag ihnen beschieden,
gemeinsam zu gehen
den Weg des Lebens
jetzt und hienieden.
Auf dass alle es fühlen,
so soll es sein.
Für jedermann sichtbar
und niemandem zum Schaden
finden zwei ihren roten Faden.
Ein Herz und eine Seele,

weil ich es befehle,
werden zwei nun sein.
Aphrodite richtet es ein.

Lass die Kerze abbrennen, lege den zusammen-
gefalteten Zettel in ein Kästchen und verwahre es
gut. Opfere eine Spende für einen guten Zweck.
Vergiss das Ganze. Der Zauber findet nun seinen
eigenen Weg.

Vollmond Geld Ritual

Du brauchst eine grüne Kerze und Sandelholzöl. Salbe die Kerze und ritze deinen Namen hinein. Stelle sie auf deinen Altar. Wenn du den Mond auf dich herab gezogen hast, gehe vor deinen Altar, zünde die Kerze an und sprich:

Der volle Mond soll mir gewähren
alle Wünsche, mich zu kleiden und zu nähren.
Bring Wohlstand in mein Leben.
Ich will auch reichlich geben.
Probleme sollen vergehen wie der Wind.
Es soll mir helfen das himmlische Kind.
Niemand komme zu Schaden dabei.
Das ist mein Wille, auf dass es so sei.

Wiederhole den Spruch noch zweimal. Lass die Kerze abbrennen und lösche sie nicht. Allmählich wird sich in nächster Zeit deine Wirklichkeit verändern.

Neumondritual

Eine einfache Huldigung zur Begrüßung der Göttin.

Du brauchst einen Schleier, Musik und ein Räucherstäbchen.

Zur Zeit des Neumonds vollführe einen Schleiertanz. Anschließend entzünde ein Räucherstäbchen, nimm es in die rechte Hand und strecke deine Arme zum Himmel.
Sprich dreimal:

Neuer Mond, mein Lebensstern,
neuer Mond, ich hab Dich gern.
Dir Göttin, nun im neuen Stand,
gilt der Gruß von meiner Hand.
Alles Übel ist zerronnen,
ein neuer Zyklus hat begonnen.
Um das Glück jetzt zu gewinnen,
soll mit Dir alles beginnen.
Du bist mein Sehnen und mein Streben,
denn durch Dich kommt alles Leben.

Stecke das Räucherstäbchen in einen Halter und lass es abbrennen in der Gewissheit, dass der Rauch über den Äther deinen Gruß zur Göttin trägt.

Neumond Geldzauber

Gehe bei zunehmendem Mond kurz nach Neumond in den Garten oder auf den Balkon, halte eine Silbermünze in der Hand und sprich voller Inbrunst:

Göttin der Nacht
gib auf mich acht.
Weil der Mond im neuen Stand,
küss ich zweimal Deine Hand.
Göttin der Nacht,
das Glück mir lacht.
Schenk mir den Traum,
der reich mich macht.

Wiederhole den Spruch noch zweimal. Dann lege die Silbermünze jede Nacht bis zum nächsten Vollmond unter dein Kopfkissen. Morgens notiere und deute deine Träume. Einer wird in dieser Zeit dabei sein, der dir hilft, deine finanzielle Situation zu verbessern. Setze ihn in die Tat um, selbst wenn es langwierig sein sollte.

Geld anziehen

Du brauchst 2 Geldscheine. In der Zeit von Neumond zu Vollmond, also bei zunehmendem Mond, gehe auf den Balkon, in den Garten, oder nach draußen. Nimm in jede Hand 1 Geldschein und sprich 3 x diesen Spruch:

Oh guter Mond
am Himmel hell,
bring Geld zu mir,
schick Wohlstand schnell,
das Armuts-Übel lass verschwinden,
damit mein Glück
jetzt kann mich finden.
Oh guter Mond
mit hellem Schein,
das ist mein Wille,
so soll es sein.

Lege die Scheine in dein Sparschwein. Es sollte bald mehr Geld hinzukommen.

Einfacher Geldzauber

Diesen Zauber kannst du jederzeit ausführen. Nimm eine Münze aus deinem Geldbeutel, betrachte sie und freue dich, dass du sie hast. Wenn du das nächste mal einen Bettler triffst, gib ihm die Münze. Bevor du sie ihm gibst, sprich zu der Münze:

Liebe Münze, du bist mein Glück,
vermehre dich und komm zurück.

Dann hauche kurz auf die Münze zusammen mit der Vision, wie sie massenhaft zu dir zurück kommt und gib sie dem Armen.

Kräuter Geldzauber

Füge Brennessel deiner Gründonnerstagssuppe hinzu, dann wirst du das ganze Jahr über genug Geld haben. Während du die Brennessel einstreust sprich dreimal:

Brennesselgeist ich bitte dich,
Brennesselgeist erhöre mich,
bring Geld zu mir das ganze Jahr,
damit ich vergesse, was Armut war.

Verjüngungs-Elixier

Hier ist ein Verjüngungselixier: Es wird bei Neumond angesetzt und beim nächsten Vollmond kannst du es abseihen.

Zutaten: vier kleine oder drei große Knoblauchzehen und 100 ml Alkohol.

Zubereitung: Zuerst die Knoblauchzehen blättrig schneiden und in ein sauberes Schraubglas geben.

Schütte den Alkohol darüber und verschließe das Glas. Kurz durchschütteln und in einen Schrank stellen. Bis zum nächsten Vollmond warten.

Bei der Zubereitung solltest du einen selbst kreierten Spruch sprechen, der deine Absicht enthält.

Vorschlag von mir:

Knoblauch-Kraft ich bitte Dich,
Knoblauch-Kraft erhöre mich,
zieh mit dem Mond in den Rum hinein,
damit ich wieder jung kann sein.

Nachdem das Elixier fertig ist, kannst du für eine Kur zur Verjüngung am ersten Tag 3 Tropfen mit Wasser vermengen und einnehmen. Am nächsten Tag fügst du 2 Tropfen der Einnahme hinzu, danach immer 2 Tropfen mehr einnehmen bis die Anzahl von 20 Tropfen erreicht ist. Jetzt lasse jeden Tag bei der Einnahme 2 Tropfen weg, bis du wieder bei 3 Tropfen angekommen bist.

Dann warte 7 Tage und fange mit der Kur wieder an. Verfahre auf diese Weise solange, bis das Elixier aufgebraucht ist. Danach wirst du dich wieder jung fühlen.

Den inneren Heiler aktivieren

Für dieses Meditationsritual musst du auf den Sommer warten. An einem schönen wolkenlosen Sonntag im Sommer gehe in die Natur und zwar möglichst an einen Ort, wo du mindestens 15 Minuten ungestört bist.

Nimm zwei etwa gleich große Bergkristalle mit, die als Handschmeichler gut in deine Hände passen. Außerdem reibe dich mit Sonnencreme ein. Punkt 12 Uhr setzt du dich an deinen Platz in die Sonne, nachdem du vorher einen magischen Schutzkreis um dich herum gezogen hast. Setze dich in deiner Meditationshaltung hin. Lege die Bergkristalle an jede Seite auf den Boden neben dich ab. Die Hände legst du mit den Handflächen nach oben in deinen Schoß. Schließe deine Augen. Sprich:

Liebe Sonne, heller Stern,

strahle in mich von nah und fern.

Lass mich deine Wärme spüren.

Du sollst von nun an mich berühren.

Wann immer ich nur an dich denke,

meine Energie von neuem lenke.

Jetzt spüre eine kleine Weile das Gefühl der Wärme auf deiner Haut und präge es dir ein, sodass du dich später wieder daran erinnern kannst.

Stell dir vor, wie das Licht der Sonne durch die Mitte deiner Stirn, durch das ‚dritte Auge' in dich hinein strömt, dein Inneres erhellt, durch deine Arme hinunter in deine Hände fließt und von dort über die Handflächen wieder aus dir heraus. Konzentriere dich auf den Lichtstrom. Spüre wie er immer stärker durch dich hindurch fließt und in Fontänen über deine Handflächen heraus strömt. Danach lässt du den Strom langsam schwächer werden und das Fließen des Lichts aufhören. Jetzt hebst du deine Arme in die Höhe des „Dritten Auges" und legst deine Handflächen aneinander. Danke der Sonne dafür, dass sie ihre Energie mit dir geteilt hat.

Öffne nun deine Augen. Lege deine Handflächen jeweils auf einen Bergkristall an deiner Seite auf die Erde und lass die überschüssige Sonnenenergie in sie hinein fließen. Sie sind jetzt geweiht und werden dir als nützliche Helfer bei deinen Heilungen dienen. Danach öffne deinen Schutzkreis, ruhe dich ein wenig aus und spüre in dich hinein, um festzustellen wie du dich fühlst. Du solltest erfrischt und voller Energie sein.

OM MANI PADME HUM

Fernheilung

Auszuführen bei Dämmerung, wenn sich die Welten voneinander trennen.

Du brauchst 5 Teelichte und eine Figurine der Großen Göttin (z.B. schwarze Madonna aus Altöttingen) sowie eine Hand voll Bergkristall-Splitter oder Salz.

Salbe die Kerzen mit 1 Tropfen äth. Eucalyptus-Myrrhe-, Zimt- oder Minz-Öl. Während du die Kerzen salbst, sprich:

Im Namen der Großen Göttin,

die alles Leben schenkt,

weihe ich diese Kerzen

zur Heilung für den,

an den mein Herz denkt.

Setze dich bequem mit deinen Zutaten vor dich hin.

Platziere ein Foto der Person oder einen Zettel mit ihrem Namen in die Mitte der feuerfesten Platte.

Nimm deinen geweihten Kristall in beide Hände und erwärme ihn kurz. Stelle dir dabei vor, wie du dem Kristall heilende Sonnenenergie verleihst.

Lege den Kristall vorsichtig auf das Foto oder den Namen.

Nimm die Bergkristall-Splitter oder das Salz und ziehe damit die Linie eines anrufenden Pentagramm um das Foto und den Kristall herum. Dann stelle die Kerzen an die Spitzen der Pentagramm-Zacken. Sie sollten einen Schutzkreis um das Foto bilden, das sich nun in der Mitte des Pentagramm befindet. Die Öffnung des Pentagramm sollte nach Norden weisen. In diese

Öffnung stellst du die Schwarze Madonna bzw. deine Göttinnen-Figur mit dem Gesicht zum Kristall.

Zünde jede Kerze im Uhrzeigersinn an. Schaue in die Kerzenflammen und stelle dir vor, sie bilden einen feurigen, schützenden Kreis um deinen geliebten Menschen, um ihn sicher und stark zu machen. Stelle dir vor wie die Flammen die gesamte negative Energie im Körper der Person in leuchtendes, rein weißes, heilendes Licht verwandeln.

Während die Kerzen brennen, stell dir außerdem vor wie die Person, die du heilen willst, gesund und munter, voller Energie, Tatendrang und Lebensfreude ist. Sprich:

Heilendes Licht, so hell,
vertreib alles Dunkle ganz schnell.
Göttin und Gott stehen Dir bei.
Damit Du, -Name der Person-,
von Krankheit wirst frei,
macht ISIS alles wieder heil.
Das ist mein Wille,
auf dass es so sei.

Wiederhole den Spruch noch zweimal, dann schließe die Augen und stelle dir dieses heilende Licht vor, das durch den Kristall in den zu heilenden Menschen fließt. Denke daran, dass er gesund und vital ist, voller Energie und voller Zufriedenheit. Stelle dir sein lächelndes Gesicht vor, das dich mit Liebe und Freundlichkeit ansieht und denke darüber nach, wie glücklich die Person ist und dass ihr Körper gesund und stark ist.

Öffne deine Augen, lasse die Kerzen abbrennen und lösche sie nicht. Dann vergiss es und nimm deinen Alltag wieder auf.

Tipp: besorge dir ein großes Metall-Tablett, auf das du die Kerzen stellst. Stelle das Tablett an einen Platz, den Haustiere und kleine Kinder nicht erreichen können.

Achtung: Selbstverständlich sind Fernheilungen nur zulässig, wenn du vorher die Einwilligung der zu heilenden Person eingeholt hast.

Beschwörung der Göttin Artemis
(Umkehrzauber)

Artemis ist die griechische Göttin der Jagd und die ihr geweihte Pflanze ist offenbar in der Lage, die Krankheitsdämonen zu verjagen.
Artemisia vulgaris fördert das luzide Träumen und somit die Erkenntnis.
Artemisia annua stärkt das Immunsystem und fördert die Gesundheit.

Bei existentieller Bedrohung durch einen skrupellosen, kaltherzigen Gegner und großer Not, wenn es um Leben und Tod geht, wende dich an Artemis. Mache den Zauber in deiner Küche. Ziehe den magischen Kreis um dich herum groß genug, damit Küchentisch, Kühlschrank und Herd darin Platz haben.

Für die Beschwörung der Göttin zünde eine Räucherkohle an und, wenn sie durchgeglüht ist, streue getrocknetes und pulverisiertes Artemisia vulgaris Kraut darauf.
Visualisiere im Rauch die Gestalt der Göttin und sprich dreimal:

Hexenkraut und Zaubertrank
macht – Name des Gegners - krank.
Entfernt ist fortan diese Pein.
Artemis lässt uns nicht allein.
Gepriesen sei der Übergang.

Anschließend bringe einen Topf mit Wasser zum Kochen. Nimm einen Eiswürfel aus dem

Gefrierfach. Schreibe mit einem geeigneten Stift die Initialen des Gegners auf den Würfel, oder ritze sie ein. Wirf den Eiswürfel ins heiße Wasser und sprich:

Du willst mich vernichten.
Das ist gemein.
Nun sollst du selbst das Opfer sein.
Amen

Sieh zu wie der Eiswürfel schmilzt und verschwindet. Bedanke dich bei der Göttin und öffne den magischen Kreis. Dann vergiss es und denke nicht weiter darüber nach. Die Göttin sorgt für den Ausgleich. Achtung: Führe niemals leichtfertig diesen Zauber aus. Das sollte wohlüberlegt sein und du musst dir ganz sicher sein, dass der Spruch zutrifft und die Göttin Ma'at auf deiner Seite ist, denn auch du musst mit den Konsequenzen eines ausgeführten Zaubers leben.

Heilung einer geliebten Person

Auszuführen bei Dämmerung, wenn sich die Welten voneinander trennen.

Du brauchst 3 Kerzen, eine schwarze, eine weiße und eine gelbe oder goldene Kerze. Besorge dir durchgefärbte Kerzen.

Salbe die gelbe Kerze mit 3 Tropfen ätherisches Rosmarin-Öl. Während du die Kerze salbst, sprich:

Im Namen der Großen Göttin,
die alles Leben schenkt,
weihe ich diese Kerze
zur Heilung für den,
an dem mein Herz hängt.

Jetzt stelle die Kerzen in einem Dreieck auf, mit der Spitze zu dir. In die linke obere Ecke stelle die schwarze Kerze, in die rechte obere Ecke die weiße und die auf dich weisende Spitze bildet die gelbe Kerze. Stelle die gelbe Kerze auf ein Foto der Person, die du heilen willst. Wenn du kein Foto hast, ritze den Namen der Person in die gelbe Kerze.

Zünde die Kerzen im Uhrzeigersinn an. Beginne mit der schwarzen Kerze.

Während die Kerzen brennen, stell dir die Person, die du heilen willst, gesund und munter, voller Energie, Tatendrang und Lebensfreude vor. Sprich:

Heilendes Licht, so hell,
vertreib alles Dunkle ganz schnell.
Göttin und Gott stehn Dir bei,
damit Du, -Name der Person-,
von Krankheit wirst frei.
Das ist mein Wille,
auf dass es so sei.

Wiederhole den Spruch noch zweimal. Lasse die Kerzen abbrennen und lösche sie nicht. Dann vergiss es und nimm deinen Alltag wieder auf.

Tipp: besorge dir ein großes Metall-Tablett, auf das du die Kerzen stellst. Sorge dafür, dass sie nicht umkippen können, während sie abbrennen. Stelle das Tablett an einen Platz, den Haustiere und kleine Kinder nicht erreichen können.
Achtung: Heilung nur ausüben mit Einverständnis der zu heilenden Person.

Übrigens: Diesen Zauber kannst du auch für dich selbst machen, du musst nur die Worte für dich entsprechend umändern.

Einen wirksamen Bannfluch entwerfen

Wie uns Lady Gwen Thompson in der Wiccan-Rede versichert:

"Die Sprüche werden wirksam sein,
wenn sie geschmiedet sind im Reim."

Darüber hinaus hat sich nach meiner Erfahrung die nachfolgende Struktur bewährt. Nach dem Gesetz der Göttin - das ist das Gesetz der Metamorphose der Gegensätze in ihr Gegenteil -

muss der Spruch 5 Elemente enthalten, um zu wirken:

1. Die Erkenntnis der Situation und der Absicht;
2. die Anrufung der Energie;
3. das Abschicken der Energie (= Entspannung, Heilung);
4. die Bannung;
5. die Manifestation

Beispiel:

1. Erkenntnis

Der Göttin Schöpfung ist vollkommen,
durch genm. Injektion (KI)
wird sie uns genommen.
Dieser Frevel falle nun
zurück auf jene, die das tun.

2. Anrufung

Deshalb Göttin, lege ich in deine Hand die Rechnung,
die Big Pharma mit der Menschheit erfand.

3. Energielenkung

Damit sie nicht weiterhin gehen über Leichen,
mögest Du diese Rechnung begleichen.

4. Bannung

Das ist mein Wille, so soll es sein,
im Namen der Ma'at
richte ich es jetzt ein.

5. Manifestation

Dem Himmel sei Dank,
Big Pharma versank
und mit ihr all die
Beteiligten an der Blasphemie.

Im Rahmen eines Analogiezauber-Rituals, bei dem das ‚Schiff Big Pharma' im Feuer verbrannt wird oder im Wasser versinkt, 3 x gesprochen, sollte dem Erfolg nichts mehr im Weg stehen.

Übrigens habe keine Angst, einen Bannfluch auszusprechen. Es kommt nichts zurück. Denn durch das Gesetz der Göttin (siehe oben) bist du in diesem Fall *"Ein Teil von jener Kraft, die stets das 'Böse' will und stets das 'Gute' schafft."* (Goethe, Faust) Oder anders ausgedrückt: Verwünschungen werden von Anhängerinnen und Anhängern der 'Alten Religion' meist eingesetzt als Bestrafung. Anders als schwarzmagische Manipulationen äußern sich Hexenflüche dadurch, dass sie wieder verschwinden, ohne weiteren Schaden anzurichten, wenn man seine Schuld aussühnt.

Spruch für Halloween

Oh Hekate, Hathor, Kali, Pele und Cerridwen,
ihr Göttinnen der Unterwelt,
lasst es geschehen.
Ich rufe euch, kommt herbei,
nehmt weg den Maßnahmen-Spuk
und macht uns frei.
Sie impfen unsere Kinder mit KI und bringen große Not.
Schickt die Betrüger in die Hölle,
noch vor ihrem Tod.

Ihr Maßnahmen-Opfer im Jenseits
ich beschwöre euch.
Die Kriminellen an der Macht,
sie gehören euch.
Für deren Streben
habt ihr euer Leben gegeben.
Jene, die aus Habgier und Menschenverachtung
die Menschheit knechten,
holt sie euch!
Damit das Verbrechen gegen die Lebenskraft
wieder gut gemacht,
und die Vergeltung euch euren Frieden gebracht.
Die Not ist gebannt.
Der Ausgleich sie fand,
weil ich es genannt.
Mit der Göttin Hilfe ist es vollbracht
in dieser Nacht.

Ritual:[14] Mit einer weißen Kerze, damit beschwören wir die Toten, in die auf gegenüberliegende Seiten die Worte "Betrüger" und "Opfer" eingeritzt werden, und 2 Stecknadeln, je eine schwarze und eine weiße, wird der Plan, die Menschheit zu knechten, in dieser Nacht durchkreuzt. Die schwarze Stecknadel von oben nach unten in das Wort "Betrüger" stechen und die weiße von oben nach unten in das Wort "Opfer", sodass sich die Nadeln kreuzen. Während die Kerze brennt, den Zauberspruch 9 x sprechen. Wenn die Flamme die Stecknadeln erreicht hat und diese herausfallen, das Papier mit dem Spruch an der Flamme entzünden und abbrennen lassen, danach die Kerze mit einem Löscher löschen und den Kerzenrest zusammen mit den Stecknadeln im Hausmüll entsorgen.

---

14 Frei nach einer Idee von Hexenladen, Hamburg.

Ein Kerzenritual zur Realitätsumwandlung bei Machtmissbrauch

Unlängst wurde hierzulande der Boden des GG verlassen. Ab sofort gilt je nach Wetterlage 2G, 3G, 2G+ oder 1G anstatt GG. Willkommen in Willküristan.

Wenn du auch der Meinung bist, dass die kriminellen Pharma-Interessen-Vertreter in Politik, Wissenschaft und Medien davon ablassen sollten, die Leute mit ihrem Pandemieglauben zu schikanieren, dann wende folgenden Bannfluch an.

Mache das Ritual an einem Samstag, um die Saturnkräfte einzubeziehen. Du brauchst eine lila Kerze, eine Stecknadel mit lila oder schwarzem Kopf.

Ritze in die Kerze auf gleicher Höhe die Worte ‚Kriminelle' und ‚Impf-Übel' ein. Kanalisiere deine Wut und zische die Wörter an, dadurch bekräftigst du deine Absicht zur Zerstörung der Kriminellen und des Impf-Übels. Stell dir dabei vor wie Schlangen oder Würmer in die Kriminellen kriechen und sie von innen zerstören. Lege deine ganze Wut in das Zischen hinein. Dann steche die Nadel mehrmals in die Wörter hinein, so wie du sie in eine Voodoo-Puppe stechen würdest und lass sie zuletzt in der Kerze stecken. Wenn der Zauber vollbracht ist, muss auch deine Wut verschwunden sein.

Entzünde die Kerze und sprich 9 x:

Ich rufe die große Göttin herbei
in Gestalt der mächtigen Drei.
Nimm weg das Impf-Übel
und mach uns frei.
Die Kriminellen an der Macht
sind hiermit zu Fall gebracht.
Damit die Inszenierung der Seuche
von diesem Planeten entweiche.
Das ist meine Wille,
ich bin so frei.
Hilf uns jetzt
und steh uns bei.
Durch die Macht von 3 x 3
wirke der Zauber.
auf dass es so sei.

Das Feuer der Transformation hat deinen Wunsch aufgenommen sobald die Stecknadel heraus-gefallen ist. Lösche die Kerze und entsorge sie und die Nadel im Hausmüll. Der Zauber findet jetzt seinen eigenen Weg.

Weihe einer Feder im Artemisia Rauch

(Erkenntniszauber)

Räuchere mit der Pflanze Artemisia vulgaris, nimm deine Feder, halte sie in den Rauch und sprich:

Auf dass der Zauber,
den ich vollbringe,
im Einklang sei mit Ma'at,
damit es gelinge.
So weihe ich jetzt meine Feder,
als Zeichen des Geistes,
in diesem Rauch,
der Göttin Artemis gewidmet,
so wie ich auch.

Anschließend die Feder auf den Nachttisch legen und den luziden Traum abwarten.

Auf diese Weise können auch alle anderen Gegenstände für den magischen Gebrauch geweiht werden. Der Spruch muss dementsprechend angepasst werden. Beispiel: Für die Weihung deines Zauberstabs passe die Zeilen 5 und 6 entsprechen an, indem du sprichst:

„(...) So weihe ich jetzt diesen Stab,
als Zeichen der Kraft ... ".

Für die Weihung eines Amuletts passe den Spruch je nach Amulett entsprechend an.
Beispiele:

Auf dass die **'Hand der Fatima'**
mir Wohlstand, Glück
und Anmut bringe.
Mit Ishtars und Tanits Hilfe
soll es geschehen,
damit es gelinge.
So weihe ich jetzt dies Amulett,
als Zeichen des Schutzes ...

Auf dass das **'Auge des Horus'**
mir Gesundheit und
Vollkommenheit bringe.
Mit Isis' Hilfe
soll es geschehen,
damit es gelinge.
So weihe ich jetzt dies Amulett,
als Zeichen des Heils ...

Alt-ägyptisches Ankh

Damit das **Amulett des Ankh**
mich verbindet mit den Welten
soll diese Wahrheit gelten:
Höhere Mächte helfen mir im Geschehen,
meinen Weg zu gehen.

So weihe ich jetzt dies Amulett
als Zeichen des Lebens in diesem Rauch,
dem All-Einen gewidmet,
so wie ich auch.

Keltisches Kreuz

Damit das **Kreuz der Kelten**
mich verbindet mit den Welten
soll diese Wahrheit gelten:
Höhere Mächte helfen mir im Geschehen,
meinen Weg zu gehen.

So weihe ich jetzt dies Amulett
als Zeichen des Lebens in diesem Rauch,
dem All-Einen gewidmet,
so wie ich auch.

Spruch, um verloren Gegangenes wiederzufinden

Mit diesem Spruch kann alles verloren Gegangene wieder gefunden werden, seien es Sachen, Menschen, Eigenschaften etc.

Was ich verlor, ruf ich zurück.
Mein magisches Wesen hilft mir zum Glück.
Nach dem Gesetz der Drei
kommt es herbei
was ich vermisst,
auf dass es so sei.

Diesen Spruch voller Inbrunst dreimal sprechen und sich dabei auf das Verlorene konzentrieren.

Ebenso kann man versuchen, seine verloren gegangene Freiheit wieder herbei zu rufen. Viel Glück.

Halitzauber I

(Wie man Probleme verschwinden lässt)

"Gerade heute sorge dich nicht, ärgere dich nicht. Sei dankbar, sei freundlich, kümmere dich um deine Lebensumstände." (Mikao Usui)

Diesen Satz von Mikao Usui nehmen wir wörtlich, deshalb schreiben wir auf einen Zettel alle unsere Probleme, aber behaupten, dass wir dankbar dafür sind. Zum Beispiel so:

Ich bin dankbar

- für die laute Durchgangsstraße, in der ich wohne
- mein Singledasein
- die verschimmelte Dusche
- den tyrannischen Chef
usw.

Dann besinne dich auf dich selbst: Sei freundlich zu dir und schreibe auf einen anderen Zettel alles, was positiv an dir ist. Etwa so:

Ich bin zufrieden mit

- meiner Gesundheit
- meinem genügsamen Charakter
- meiner Auffassungsgabe
- meiner Neugier
usw.

Lass das Geschriebene beider Zettel auf dich wirken. Wie fühlt sich das an? Die Probleme sollten ihren Stachel bereits verloren haben.

Zwecks magischen Kümmerns um diese Lebensumstände mache folgendes Ritual bei abnehmendem Mond. Nimm den ersten Zettel mit deinen Problemen und falte ihn klitzeklein zusammen. Während du ihn zusammen faltest sprich dreimal oder singe:

„Probleme, die ihr aufgeschrieben seid,
bringt nicht länger Herzeleid.
Damit ihr nimmer könnt mich binden,
lässt der Halit euch verschwinden."

Dann lege den klitzekleinen Zettel unter einen Halit und vergiss es. Über kurz oder lang werden sich deine Probleme vollkommen in Luft auflösen. Irgendwann, wenn dir danach ist, nimm den Zettel hervor, verbrenne ihn ohne ihn zu entfalten und entsorge die Asche.

Lege den zweiten Zettel in ein Kästchen und betrachte ihn ab und zu, damit du nicht vergisst, wie wertvoll du bist.

Halitzauber II

(Wie man Gegner und nervtötende Zeitgenossen verbannt)

Schreibe in der Dämmerung (morgens oder abends) den Namen des Gegners auf einen Zettel. Nimm eine aufgeschnittene Knoblauchzehe. Streiche mit der Knoblauchzehe dreimal über den Namen. Währenddessen sprich dreimal:

Name -   *„Auf dass wir nichts mehr von dir hören, soll der Halit deine Macht zerstören."*

Falte den Zettel klitzeklein und lege ihn unter einen Halit. Entsorge den Knoblauch im Hausmüll. Irgendwann, wenn dir danach ist, verbrenne den Zettel.

Keine Angst, dem Gegner passiert nichts, was nicht durch sein Karma begründet ist. Du bist jedoch von seinem Willen befreit und er kann dir nichts mehr anhaben.

Achtung:
- Niemals einen Bannzauber innerhalb der Familie einsetzen, wenn du nicht willst, dass die Familie auseinander fällt.
- Niemals überall ‚heraus posaunen', dass du einen Zauber ausgesprochen hast. Dann verliert er seine Macht.

Bannfluch für Schwarzmagier

Du brauchst: 1 Stck. Räucherkohle und Räucherpulver, 1 lila Kerze, 1 Schale, Wasser, neun Perlen und eine Untertasse.

In der Dämmerung an einem Freitag oder Samstag bei abnehmendem Mond ziehe den magischen Kreis. Nimm die Räucherkohle und entzünde sie. Warte bis sie durchgeglüht ist, dann streue Räucherpulver darauf. Visualisiere im Rauch die Große Göttin und sprich dreimal:

Hexenkunst und Zaubertrank
macht diese Schwarzmagier jetzt krank.
Entfernt ist fortan diese Pein.
Die Große Göttin lässt uns nicht allein.
Gepriesen sei der Übergang.

Beim Sprechen die Schwarzmagier, die du meinst, vor dem inneren Auge ganz fest anvisieren.

Bereite nun die Wasserschale vor: Tropfe Wachs auf den Boden der Schale, nimm eine lila Kerze, in die du die Namen der zu bannenden Schwarzmagier eingeritzt oder drauf geschrieben hast und befestige sie mit dem Wachs auf dem Boden der Schale. Warte bis alles abgekühlt und fest ist. Dann schütte vorsichtig Wasser in die Schale, sodass es die Kerze zur Hälfte bedeckt.

Zünde die Kerze an und sprich neunmal:

Die Schwarzmagier-Macht
ist nun zu Fall gebracht.
Mit der Kerze Licht verschwindet
ihr Streben und alles,
was uns bindet.
Das ist mein Wille.
So soll es sein.
Mit der Göttin Hilfe
richte ich es ein.
Die Macht der Schwarzmagier versinkt
so wie die Kerze hier ertrinkt.

Lege für jedes Mal des Sprechens eine Perle in die Untertasse, damit du weißt, wann das neunte Mal erreicht ist. Lass die Kerze von selbst im Wasser verlöschen und vergiss das Ganze. Die Göttin sorgt dafür, dass sich der Zauber erfüllt.

Zum Schluss einige Worte zur Glaubensfrage

Dietrich Schwanitz schreibt über das Spätmittelalter (14. Jh.): *die Frauen, die man für Hexen hielt, hätten eine Waldgöttin namens Bonadea oder Frau Holle verehrt.*[15]

Damit weist er darauf hin, dass eine Göttinnen-Religion in Europa noch bis ins Spätmittelalter zelebriert wurde, die dann von der Inquisition endgültig beseitigt werden sollte.

Es ging also durchaus um den Kampf über die Deutungshoheit in der Glaubensfrage.

Durch Panikmache und Schuldzuweisung versuchte die Obrigkeit damals mittels christlicher Kirche ihre Herrschaft zu installieren und zu festigen.

Da jeder in der Regel das erhält, was er glaubt bzw. erwartet oder befürchtet, versucht man die Menschen zu allen Zeiten über den Glauben zu manipulieren, indem man ihnen sagt bzw. vorschreibt, was der richtige Glaube ist.

Falls das funktioniert, erhalten die Menschen das, was sie erhalten sollen, weil sie auf die Dauer selber wollen, was sie wollen sollen. Das ist *„obrigkeitsstaatliche Selbstentmündigung"* (Schwanitz).

Kommt euch das irgendwie bekannt vor? Heutzutage wird Panikmache und Schuldzuweisung von den Politikern betrieben und von den Medien verbreitet.

Lasst euch weder durch Stigmatisierung spalten, noch von anderen vorschreiben, was ihr glauben sollt!

„Wohl dem Volk, das die Frauen und Männer in sein Herz schließt, die selbständig denken können und sich nicht

---

15 Vgl. Dietrich Schwanitz, Die Geschichte Europas

entmündigen lassen und sich nichts vorschreiben lassen, wenn sie es nicht einsehen."[16]

Wir sind geistige Wesen, die sich vorübergehend in der derzeitigen Form unseres Körpers inkarniert haben. Deshalb können wir diesen Körper via Geist selbst heilen.

Glaube versetzt Berge, wie es in der Bibel heißt. Umgekehrt bedeutet das, was ich nicht glaube, das kann von mir auch nicht Besitz ergreifen. Wenn ich jedoch vor lauter Angst glaube, mich beim Kontakt mit meinen Mitmenschen zu infizieren, dann könnte es auch so kommen. Daran ist aber nicht irgendein Virus schuld, sondern die eigene Angst gesteuerte fremdbestimmte Erwartungshaltung. Deshalb, liebe Leserinnen und Leser, überlegt euch gut, wem oder was ihr glauben wollt, da der Glaube offenbar ebenso lebensspendend wie tödlich sein kann.

Wappnen wir uns vor Menschen, Dingen oder Glaubenssätzen, die uns vereinnahmen wollen, um dann unsere Lebensenergie versickern zu lassen. Das tun wir, indem wir uns vor allem darum bemühen, unserer Seele zu folgen, unsere Illusionsblase zu verlassen, die Löcher in unserer Aura zu schließen und unsere Energie durch das Praktizieren der ‚alten Religion' zu stärken, dann haben auch Viren kaum eine Chance. Deshalb liebe Leserinnen und Leser: *Lasst euch nicht mit Toren ein. Sie bringen euch in falschen Schein.*[17] Denn entscheidend für Seelenheil und Gesundheit ist die Wirkung im Feinstofflichen. Zwecks Praktizierens der ‚alten Religion' verbinden wir uns im Jahresverlauf mit den alten Göttern (siehe Anhang).

16 Schwanitz, Die Geschichte Europas, S. 232
17 Lady Gwen Thompson, Wiccan-Rede

Anhang

Magie/Energie auf der Erde im Jahresverlauf der Sonne

… für einen gesunden Lebenswandel

Die Sonne als Zentralgestirn bestimmt zusammen mit den Planeten weitgehend unser Schicksal auf der Erde. Da die Sonne derzeit am 21.3. (Ostara) im Sternbild des Wassermann aufgeht, befinden wir uns gerade im Zeitalter des Wassermann. Es wird ca. 2150 Jahre dauern und hat laut Maya-Kalender mit dem Ende des Fischezeitalters am 21.12.2012 begonnen.

Die alten Ägypter lebten hauptsächlich im Zeitalter des Widder. So erklärt sich das dortige Vorfinden von vielen Sphingen mit Löwenkörper und Widderkopf. Der Löwe repräsentiert im altägyptischen Glauben die Sonne.

Wer derzeit z. B. im März 2021 geboren wurde, ist in Wirklichkeit jetzt unter dem Sternbild Wassermann geboren und nicht mehr unter dem Sternbild Fische. Davon will die Astrologie jedoch nichts wissen. Wer aber, wie Hexen und Heiler, die tatsächlichen kosmischen Einstrahlungen zum Zeitpunkt des Zaubers berücksichtigen will, für den ist das von entscheidender Bedeutung.

November – Zeit, sich auf seine Gefühle zu besinnen und sich mit Meditation nach innen zu wenden.

Göttinnen: Hekate (16.) und Artemis (22.)

Sternbild in der Wassermann-Ära: Waage (Venus, Luft)

Glückssteine: Jaspis, Rosenquarz

Dezember – Zeit, sich um seine Mitmenschen, Haustiere und Schutzbefohlenen liebevoll zu kümmern.

Göttinnen: Bona Dea (1.), Lucina (21.), Frau Holle (25.), Vesta (31.)

Sternbild in der Wassermann-Ära: Skorpion (Mars, Wasser)

Glückssteine: Perle, Hämatit

Januar – Zeit, das neugeborene Licht für Reinigungsrituale und Orakelbefragung zu benutzen.

Göttinnen: Nanshe (1.), Luna (6.), Justizia/ägypt. Ma'at (8.) Carmenta (15.) und Pax (30.)

Sternbild in der Wassermann-Ära: Schütze (Jupiter, Feuer)

Glückssteine: Katzenauge, Lapislazuli

Februar – Die Zeit des Übergangs ist für Reinigungsrituale und die Besänftigung der Ahnengeister und Toten, indem wir ihrer gedenken sowie die Zuwendung zum Leben durch Liebesrituale und Romantik besonders geeignet.

Göttinnen: Brigit (1.), Diana (11.), Hekate (16.), Aphrodite (14.-21.), Hygeia (26.)

Sternbild in der Wassermann-Ära: Steinbock (Saturn, Erde)

Glückssteine: Türkis, Malachit

März – Wiedergeburt der Naturkräfte. Zeit, neue Vorhaben mit frischem Mut zu beginnen. Pflanzen aussäen, Liebesrituale und Reichtumsrituale ausführen.

Göttinnen: Juno (1.), Isis (5.), Aphrodite (9.), Nagini (14.), Libera (17.), Ostara (21.), Bastet (22.), Mati (25.)

Sternbild in der Wassermann-Ära: Wassermann (Saturn, Luft)

Glückssteine: Heliotrop, Aquamarin

April – Der Monat der Veränderungen und Turbulenzen ist geeignet für das Aufräumen, ‚reinen Tisch machen' und die Weichen für den Rest des Jahres stellen.

Göttinnen und Götter: Tellus Mater (15.), Ceres (19.), Tanit und Bel (30.)

Sternbild in der Wassermann-Ära: Fische (Jupiter, Wasser)

Glückssteine: Jade, Amethyst

Mai – Zeit der neuen Blütenpracht und Freude an Beltane (1.) nutzen für Harmoniezauber.

Göttinnen und Götter: Maja (1.), Sheila NaGig (5.), Pan (18.), Kali (24.)

Sternbild in der Wassermann-Ära: Widder (Mars, Feuer)

Glückssteine: Opal, Granat

Juni – Zeit der Fülle nutzen für Gesundheits-, Reichtums- und Liebeszauber sowie ein Lichtritual zur Sommersonnenwende (21.).

Göttinnen: Carna (1.), Vesta (9.), die Musen (14.), Fortuna (24.)

Sternbild in der Wassermann-Ära: Stier (Venus, Erde)

Glückssteine: Saphir, Achat

Juli – Zeit des Innehaltens und Gedenkens an den ewigen Kreislauf von Werden und Vergehen in der Natur. Kräuteröle und Tinkturen herstellen.

Göttinnen u. Götter: Cerridwen (3.), Demeter (13.), Hochzeit von Isis und Osiris (19.)

Sternbild in der Wassermann-Ära: Zwillinge (Merkur, Luft)

Glückssteine: Mondstein, Zitrin

August – Zeit der Ernte und Geselligkeit. An Lammas (1.) Orakel befragen und dankbar für das eigene Leben sein.

Göttinnen: Habondias (1.), Hekate (13.), Mutter Maria (15.), die Moiren (23.).

Sternbild in der Wassermann-Ära: Krebs (Mond, Wasser)

Glückssteine: roter Jaspis, Mondstein

September – Zeit des Rückzugs. Bestandsaufnahme gelungener Projekte und Zauber. Sich an Mabon (23.) mit dem eigenen Schutzgeist verbinden. Fest der Lichtwesen (29.).

Göttinnen und Götter: Venus (13.), Thot (19.), Baubo (28.)

Sternbild in der Wassermann-Ära: Löwe (Sonne, Feuer)

Glückssteine: Bergkristall, Diamant

Oktober – Zeit des Loslassens. In der Nacht auf Samhain (31.) wird das Fest der Unterweltgöttin gefeiert.

Göttinnen: Fides (1.), Demeter (11.), Hathor (26.).

Sternbild in der Wassermann-Ära: Jungfrau (Merkur, Erde)

Glücksteine: Achat, Tigerauge

Als die Menschen vor ca. 9000 Jahren anfingen, sesshaft zu werden und Landwirtschaft zu betreiben, haben sie überall auf der Erde Steinkreise als Kalender errichtet, um die Sonnen- und Mondstände im Verlauf des Jahres sowie den Stand der Sterne zu beobachten, da von den kosmischen Einflüssen auf die Natur ihre Ernte und somit ihr Wohlstand abhing. Ebenso können wir uns heute wieder auf die kosmischen Schwingungen einstimmen, um unser Leben natürlich zu gestalten, synchron zum Universum.

Planeteneinflüsse auf die Magie/Energie auf der Erde

Wir ehren im Zeitablauf der Wochentage die Planeten und deren Einfluss auf unsere Befindlichkeit auf Erden, um uns wieder auf den Synchronismus mit dem Kosmos einzustellen.

Am **Montag** ehren wir den Mond. Sein Tag ist besonders gut für Heilungszauber geeignet. Bei zunehmendem Mond und Vollmond ist seine Farbe weiß und alle weißen Steine, wie Mondstein, weiße Perle, weißer Achat etc., sind die ihm zugehörigen Kraftsteine[18] zur Unterstützung unserer Psyche. Bei abnehmenden Mond und Dunkelmond ist seine Farbe schwarz und alle schwarzen Steine, wie Magnetit, schwarze Perle, Schungit, Schörl etc., können als Kraftsteine benutzt werden.

Am **Dienstag** ehren wir den Mars. Er stärkt unsere Lebenskraft. Sein Tag eignet sich gut für Liebeszauber und Umkehrzauber. Seine Farbe ist rot und alle roten Steine, wie Rubin, Granat, Karneol, Jaspis, Hämatit etc., können im Ritual oder als Schmuck am Dienstag verwendet werden, um unsere Psyche durch die Verbindung mit der Marsenergie zu stärken.

Am **Mittwoch** ehren wir den Merkur. Er hilft uns bei der Kommunikation und stärkt unsere Weisheit. Der Tag mit seiner männlichen Energie eignet sich gut für die Anrufung eines Gottes. Seine Farbe reicht von orange über gelb bis gelbbraun. Alle Steine dieser Farbe, wie Calzit, Carneol, Citrin, Tigerauge, Opal, Beryll, Bernstein etc. verbinden uns an

---

18 Zum Thema Kraftsteine bzw. Heilsteine gibt es eine Vielzahl von Literatur, weshalb ich hier nicht weiter darauf eingehe.

diesem Tag mit der Merkurenergie und können im Ritual oder als Schmuck zur Stärkung unserer Psyche benutzt werden.

Am **Donnerstag** ehren wir den Jupiter. Er hilft uns bei der Evolution. Sein Tag eignet sich für Wohlstands- bzw. Wachstumszauber. Seine Farbe ist grün und alle grünen Steine, wie Jade, Smaragd, Serpentin, Malachit, Peridot, Aventurin etc., können im Ritual oder als Schmuck Verwendung finden, um die Verbindung mit der Jupiterenergie herzustellen.

Am **Freitag** ehren wir die Venus. Sie hilft uns bei Schutz- und Abwehr von Ungemach. Der Tag eignet sich besonders gut zur Anrufung einer Göttin und für Vollmondrituale. Die Farbe ist blau und alle blauen Steine, wie Türkis, Lapislazuli, Sodalith, Saphir, Aquamarin, Calzedon etc., sind ihr gewidmet.

Am **Samstag** ehren wir den Saturn. Er hilft uns bei der Stärkung unserer Willenskraft. Der Tag ist geeignet für Erkenntnis- und Transformationszauber. Seine Farbe ist dunkelblau, indigo bis violett. Alle Steine dieser Farbe, wie Amethyst, dunkle Saphire, Onyx, Obsidian etc., können uns bei unserem Zauber helfen.

Am **Sonntag** ehren wir die Sonne. Sie hilft uns bei der Verbindung mit dem Lichtwesen in uns. Der Tag ist bestens geeignet für Erkenntniszauber, Heilung, Meditation und Transzendenz. Alles Durchsichtige, Kristallklare und Lichte ist ihr gewidmet. Die Steine zur Verstärkung dieser Absicht sind z.B. Diamant, Bergkristall, Zirkon, Topas, Fluorid etc..

Eine Götterfamilie:
Der Mond ist meine Mutter. Die Sonne ist mein Vater. Der Mars ist mein Opa. Die Venus ist meine Oma. Der Saturn ist meine Tante (oder Ur-Oma). Der Jupiter ist mein Onkel (oder Ur-Opa). Der Merkur ist mein Geschwister und ich bin die Erde.

Das magische Jahr - Dauerkalender

Festtage der Göttinnen und Götter
(ohne Anspruch auf Vollständigkeit)

An diesen Tagen fällt es viel leichter, durch Tanz Ich-Transzendenz zu erreichen, um den eigenen Geist zu kontaktieren und die zum Zaubern nötige Energie aufzubauen. Tanze:

- Schleiertanz für einen Erkenntniszauber mit Räucherwerk – 1./15.1., 24.6., 23.8., 31.10., 1./22.11.
- Stocktanz für einen Heilungszauber mit Kräutermagie – 26.2., 17./25.3., 15./19.4., 6.5., 1./21.6., 19.7., 15.8., 28.9., 21.12.
- Zimbeltanz für einen Reichtumszauber mit Edelstein- bzw. Amulettweihe – 16.2., 21.3., 19./30.4., 1./6./18./24.5., 9.6., 19.7., 28.9., 26.10., 16.11., 21./31.12.
- Baladi zur Anrufung der Göttin und für ein Vollmondritual – 6.1., 1./2./16.2., 14.6., 1./15.8., 21.9., 11.10., 1./25.12.
- Trommeltanz für eine Transformation mit Kerzenmagie – 30.1., 14.2., 1.3., 15./30.4., 1./18.5., 3./19.7., 13.9.

Tage mit besonderer Schwingung im November:

1. November – Samhain
Keltischer Feiertag. Beginn des neuen Hexen-Jahres. Das alte Jahr wird rückblickend bewertet. Den Göttern wird für Wohlwollen und Beistand gedankt. Orakel werden befragt, um den Schleier zwischen den Welten zu trennen, in die Zukunft zu sehen und sich über sich selbst klar zu werden.
16. November – Nacht der Hekate
Griechische Mondgöttin. Hekate hilft Hexen, die eigene Macht zu stärken, wenn man ihr um Mitternacht an einer Wegkreuzung ein Speise- oder Trankopfer darbringt.
22. November – Fest der Göttin Artemis
Göttin der Jagd. Guter Tag, um Rituale für Selbstvertrauen durchzuführen.

„Innerer Friede beginnt in dem Moment, in dem du entscheidest, Ereignissen oder anderen Menschen nicht zu erlauben, deine Emotionen zu kontrollieren." (Pema Chödrön)

NOVEMBER – **HERBST** – Yin

1	Samhain
2	
3	
4	
5	
6	
7	
8	
9	
10	
11	
12	
13	
14	
15	

16	Nacht der Hekate
17	
18	
19	
20	
21	
22	Fest der Artemis (ägypt. Bastet)
23	
24	
25	
26	
27	
28	
29	
30	

Tage mit besonderer Schwingung im Dezember:

1. Dezember – Fest der Göttin Bona Dea
Römische Göttin für Fruchtbarkeit und Frauenheilkunde.
Guter Tag, um mit Freundinnen ein Fest zu feiern bei dem
gemeinsam Schutzamulette gefertigt und der Göttin geweiht
werden.
21. Dezember – Wintersonnenwende, Fest der Göttin
Lucina, eine römische Lichtgöttin; Julfest.
Die Wiedergeburt der Sonne wird gefeiert. Das Heim mit
Kerzen schmücken und die Rückkehr der Lebenskraft in die
Natur feiern.
25. Dezember – Fest der Göttin Holle
Germanische Wetter-Göttin und Göttin der Unterwelt. Sie
belohnt fleißige Menschen und gibt den Seelen verstorbener
Kinder ein Heim.
31. Dezember – zweites Fest der Göttin Vesta
Guter Tag, um die Zukunft zusammen mit seinen Lieben zu
begrüßen.

DEZEMBER – **WINTER** – zunehmendes Yang

1	Fest der Bona Dea
2	
3	
4	
5	
6	
7	
8	
9	
10	
11	
12	
13	
14	
15	

Tage mit besonderer Schwingung im Januar / Februar:

1. Januar – Fest der Göttin Nanshe
Ein guter Tag, um Orakel zu befragen.

6. Januar – Fest der dreigestaltigen Mondgöttin Luna
Schütze dein Heim magisch gegen Diebstahl, Einbruch und Betrüger, indem du die Wohnungs-/Haustür außen mit Essigwasser reinigst und mit dem Zeigefinger die Buchstaben C, M, B (Catherina, Margareta, Barbara) darauf schreibst und so dein Heim der Mondgöttin weihst.

15. Januar – Fest der Göttin Carmenta
Schutzgöttin der Hebammen und werdenden Mütter. Guter Tag für Weissagungen, Zukunftsschau (nach ritueller Reinigung).

30. Januar – Fest der Göttin Pax
Diese Friedensgöttin gibt uns den Anlass alte Fehden beizulegen und zu überlegen, wie das familiäre Zusammenleben harmonischer gestaltet werden kann. Blumenschmuck und Kerzen sorgen für gute Stimmung.

1. Februar – Fest der Göttin Brigida
Göttin der Dicht- und Heilkunst. Ihr Symbol ist der Zauberkessel und das Feuer ist ihr untertan.
Ein guter Tag, um mit Kerzen ihrer zu gedenken und Heilsalben herzustellen.

2. Februar – Lichtmess
Guter Tag für Kerzenzauber und Amulettherstellung zum Schutz vor Blitz und Feuer.

14. Februar – Valentinstag / Luperkalien
Man kann Liebesamulette herstellen und mit dem/der Geliebten ein erotisches Fest feiern. Im alten Rom feierte man die Lupercalia, ein Fest der Fruchtbarkeit für die Tierherde, Wald und Flur.

16. Februar – Fest der Hekate
Göttin der Zauberei und der Unterwelt. Guter Tag für Beschwörungen, Rituale mit Räucherungen, Feueropfer und Kerzenmagie

26. Februar – Fest der Hygeia
Göttin der Gesundheit und Hygiene. Guter Tag, es sich gut gehen zu lassen und sich selbst zu pflegen, zu verwöhnen, mit einer Therapie zu beginnen oder die Seele 'baumeln' zu lassen.

16	
17	
18	
19	
20	
21	Jul – Fest der Lucina
22	Beginn der Rauhnächte
23	
24	
25	Fest der Frau Holle
26	
27	
28	
29	
30	
31	Zweites Fest der Vesta

JANUAR – **WINTER** – zunehmendes Yang

1	Fest der Nanshe
2	Ende der Rauhnächte
3	
4	
5	
6	Fest der Luna (chr.: Heilige Dreikönige)
7	
8	Fest der Justitia (ägypt. Ma'at)
9	
10	
11	
12	
13	
14	
15	Fest der Carmenta

JANUAR – **WINTER** – zunehmendes Yang

16	
17	
18	
19	
20	
21	
22	
23	
24	
25	
26	
27	
28	
29	
30	Fest der Pax
31	

FEBRUAR – **WINTER** – zunehmendes Yang

1	Imbolc – Fest der Brigida
2	Lichtmess
3	
4	
5	
6	
7	
8	
9	
10	
11	Fest der Diana (ägypt. Bastet)
12	
13	
14	Rom: Luperkalien (chr. Valentinstag)
15	

16	Zweites Fest der Hekate
17	
18	
19	
20	
21	Rom: Feralia / Fest zur Besänftigung der Geister der Toten
22	
23	
24	
25	
26	Fest der Hygeia
27	
28	
29	

MÄRZ – **FRÜHLING** – zunehmendes Yang

1	Fest der Juno
2	
3	
4	
5	Fest der Isis
6	
7	
8	
9	
10	
11	
12	
13	
14	Fest der Schlangengöttin
15	

16	
17	Fest der Libera
18	
19	
20	
21	Fest der Ostara - Frühlings-Äquinoktium
22	Fest der Bastet
23	
24	
25	Fest der Mati
26	
27	
28	
29	
30	
31	

Tage mit besonderer Schwingung im März:

1. März – Fest der Göttin Juno,
Schutzgöttin verheirateter Frauen. Guter Tag um Amulette,
Glücksbringer, Talismane herzustellen, das Haus / die
Wohnung einer rituellen Reinigung zu unterziehen und mit
Räucherstäbchen oder Duftlampen eine angenehme
Athmosphere zu schaffen.

5. März – Fest der Isis
Alt-ägyptische Göttin der Magie. Tochter der
Himmelsgöttin Nut und des Erdgottes Geb. Ähnlich wie die
griechische Göttin Demeter ist sie eine Hüterin der Familie
und des Erdkreises.

14. März – Fest der Schlangengöttin Ua Zit bzw. Nagini
Der Schlangengöttin werden Speise- oder Trankopfer
dargebracht und um die Vertreibung von Armut gebeten.

17. März – Fest der Göttin Libera
Römische Göttin des Ackerbaus und der Natur. Guter Tag
um Kräuter zu sammeln und Tinkturen anzusetzen,
Süßigkeiten zuzubereiten und einen Teil der Naschereien
der Göttin zu opfern.

21. März – Fest der Göttin Ostara bzw. Tara
Frühjahrs-Tag- und Nachtgleiche. Guter Tag Fruchtbarkeits-
bzw. Reichtumsrituale abzuhalten. Heute unbedingt nach
draußen gehen und die Energien spüren und aufnehmen.

22. März – Fest der Göttin Bastet
Alt-ägyptische Göttin der Jagd. Als „Auge des Re"
vernichtet sie dessen Feind Apophis. Ihr entspricht bei den
Römern die Göttin Diana und bei den Griechen die Göttin
Artemis.

25. März – Fest der Göttin Mati
Erdmuttergöttin. Guter Tag für Aussaat und auch dafür, den
Schutz der Göttin für die Pflanzen zu erbitten. Anschließend
der Göttin ein Trankopfer darbringen.

APRIL- **FRÜHLING** – zunehmendes Yang

1	
2	
3	
4	
5	
6	
7	
8	
9	
10	
11	
12	
13	
14	
15	Fest der Tellus Mater

APRIL – **FRÜHLING** – zunehmendes Yang

16	
17	
18	
19	Fest der Ceres
20	
21	
22	
23	
24	
25	
26	
27	
28	
29	
30	Walpurgisnacht

Tage mit besonderer Schwingung im April/Mai:

15. April – Fest der Göttin Tellus Mater
Römische Erdmuttergöttin. Guter Tag für Liebeszauber,
Lebenskraft erneuern, Kräuter sammeln und verarbeiten.
19. April – Fest der Göttin Ceres
Römische Erdmuttergöttin. Schlechter Tag für reisen und
Heilkräuter sammeln. Guter Tag für Kerzenmagie,
Lichtreinigung, Rituale mit Räucherwerk, Feueropfer, um
Schutz für Pflanzen zu erbitten.
30. April – Walpurgisnacht
Die Nacht auf den 1. Mai ist für Hexentanz, trommeln,
rasseln, zaubern für die Liebe geeignet.
1. Mai – Beltane - Hexenfest
Guter Tag für Fruchtbarkeits- / Reichtumsrituale.
6. Mai – Fest der Göttin Inghean-Bhidhe
Irische Göttin des Sommeranfangs. Guter Tag ein
Eberschenbäumchen einzupflanzen, es zu hegen und zu
pflegen und die Göttin um Gesundheit und Wohlstand zu
bitten.
18. Mai – Fest des Gottes Pan
Griechischer Gott der Liebe und Traummann jeder Hexe. Wenn
man für Pan tanzt, kann man im Traum seinem Traummann
begegnen. Idealer Tag für Liebe, Geldgeschäfte und Rituale mit
Kerzenmagie.
24. Mai – Fest der Göttin Kali
Indische Göttin, Gattin des Gottes Shiva. Sie ist eine Göttin der
Transformation und Wiedergeburt. Der Name Kali bedeutet
‚die Schwarze‘. Sie sei einst im Mai nach Südfrankreich
gekommen und wird dort von Roma-Stämmen als ‚Sara la kali‘
bis heute verehrt. Kali ist eine starke Schutzgöttin und besiegt
alle Dämonen. Guter Tag für Schutz- und Bannrituale.

MAI – **FRÜHLING** – Yang

1	Beltane
2	
3	
4	
5	
6	Fest der Inghean-Bhidhe
7	
8	
9	
10	
11	
12	
13	
14	
15	

MAI – **FRÜHLING** – Yang

16	
17	
18	Fest des Pan
19	
20	
21	
22	
23	
24	Fest der Kali
25	
26	
27	
28	
29	
30	
31	

Tage mit besonderer Schwingung im Juni:

1. Juni – Fest der Göttin Carna
Römische Göttin der Ernährung. Eine Speise kochen und davon einen Teil der Göttin darbringen. Guter Tag für Meditation.

9. Juni – Fest der Göttin Vesta
Römische Göttin des Herdfeuers. Guter Tag, um den Haussegen durch ein Feueropfer für die Göttin wieder herzustellen.

14. Juni – Geburtstag der Musen
Neun griechische Göttinnen, Töchter des Zeus. Sie inspirieren Kunst und Kultur. Guter Tag für ein Kerzenritual zur Inspiration für ein Vorhaben in diesem Bereich.

21. Juni – Sommersonnenwende
Heute draußen ein Fest um ein Lagerfeuer feiern, an die Vergänglichkeit alles Seienden denken und dankbar für das eigene Leben sein. Holunderblüten sammeln, einen Tee zubereiten und zur Stärkung der Lebenskraft trinken.

24. Juni – Johannistag, Tag der Glücksgöttin, Tag der Feen
Vielleicht begegnet dir heute eine Fee und erfüllt dir einen Wunsch. Möglicherweise hast du Glück im Spiel.

JUNI – **SOMMER** – zunehmendes Yin

1	Fest der Carna
2	
3	
4	
5	
6	
7	
8	
9	Fest der Vesta
10	
11	
12	
13	
14	Geburtstag der Musen
15	

JUNI – **SOMMER** – zunehmendes Yin

16	
17	
18	
19	
20	
21	Litha – Sommersonnenwende
22	
23	
24	Johannistag, Fest der Fortuna, Tag der Feen
25	
26	
27	
28	
29	
30	

JULI – **SOMMER** – zunehmendes Yin

1	
2	
3	Fest der Cerridwen
4	
5	
6	
7	
8	
9	
10	
11	
12	
13	
14	
15	

JULI – **SOMMER** – zunehmendes Yin

16	
17	
18	
19	Hochzeit von Isis und Osiris
20	
21	
22	Fest der Selket
23	
24	
25	
26	
27	
28	
29	
30	
31	

Tage mit besonderer Schwingung im Juli / August:

3. Juli – Fest der Göttin Cerridwen
Keltische Göttin der Transformation und Wiedergeburt. Guter Tag für Fruchtbarkeitsrituale aller Art. Mit einem Trankopfer der Göttin danken.

19. Juli – Hochzeit von Isis und Osiris
Altägyptische Gottheiten. Isis wurde sogar in Deutschland von dem Stamm der Sueven verehrt. Sie gilt auch als Göttin der Magie: Isis macht alles wieder heil!
Osiris gilt als Gott der Unterwelt, als 'Hüter der Schwelle'.
Guter Tag für Zauber aller Art.

22. Juli – Fest der Göttin Selket
Altägyptische Schutzgöttin der Zauberer und Heilkundigen.

1. August – Lammas
Keltisches Erntedankfest. Dankbarkeit für die Gaben der Natur und des Lebens sind heute angebracht. Respekt und Ehrfurcht für die Kräfte, die das Leben gestalten und erhalten.

13. August – Fest der Hekate
Griechische Göttin der Unterwelt. Man ruft sie hauptsächlich bei Neumond an, um Schaden zu bannen, der die Ernte betreffen könnte.

15. August – Maria Himmelfahrt
Patronin der Frauen. Tag der Kräuterweihe. Einen Kräuterkranz flechten, an der Haustür außen aufhängen und Maria um Schutz vor allem 'Bösen' bitten.

23. August – Fest der Moiren
Drei griechische Schicksalsgöttinnen. Guter Tag, um die Göttinnen zu bitten bei der 'inneren Kampfkunst' im Umgang mit dem eigenen Charakter zu helfen.

AUGUST – **SOMMER** – zunehmendes Yin

1	Lammas
2	
3	
4	
5	
6	
7	
8	
9	
10	
11	
12	
13	Fest der Hekate
14	
15	Maria Himmelfahrt

AUGUST – **SOMMER** – zunehmendes Yin

16	
17	
18	
19	
20	
21	
22	
23	Fest der Moiren
24	
25	
26	
27	
28	
29	
30	
31	

Tage mit besonderer Schwingung im September:

13. September – Fest der Göttin Venus
Römische Liebesgöttin, vergleichbar mit Aphrodite. Guter
Tag für Liebeszauber aller Art.
19. September – Fest des Gottes Thot
Alt-ägyptischer Gott der Weisheit und Magie. Er hilft uns
die beiden Bereiche Tonal (Rationalität) und Nagual
(Irrationalität) im Gleichgewicht zu halten.
21. September – Herbst Tag- und Nachtgleiche
Keltisches Mabonfest. Heute wird den spirituellen
Naturkräften für ihre Begleitung und Hilfe beim Zaubern
gedankt. Die magischen Utensilien werden gereinigt und
mit neuer Energie aufgeladen.
28. September – Fest der Göttin Baubo
Griechische Göttin des Lachens. Erinnert uns daran, uns
selbst nicht zu wichtig zu nehmen und den Alltag mit seinen
Zwängen nicht zu ernst zu nehmen sondern mit Humor zu
betrachten. Lachen ist gesund.

SEPTEMBER – **HERBST** – zunehmendes Yin

1	
2	
3	
4	
5	
6	
7	
8	
9	
10	
11	
12	
13	Fest der Venus
14	
15	

SEPTEMBER – **HERBST** – zunehmendes Yin

16	
17	
18	
19	Fest des Thot
20	
21	Mabon – Herbst-Äquinoktium
22	
23	
24	
25	
26	
27	
28	Fest der Baubo
29	
30	

OKTOBER- **HERBST** – zunehmendes Yin

1	
2	
3	
4	
5	
6	
7	
8	
9	
10	
11	Fest der Demeter
12	
13	
14	
15	

OKTOBER – **HERBST** – zunehmendes Yin

16	
17	
18	
19	
20	
21	
22	
23	
24	
25	
26	Fest der Hathor
27	
28	
29	
30	
31	Nacht auf Samhain

Tage mit besonderer Schwingung im Oktober:

11. Oktober – Fest der Göttin Demeter
Griechische Ackergöttin sowie Göttin für Staatswesen, Ehe, Haushalt, Kinderpflege. Opfergaben aus Wald und Flur werden der Göttin Demeter dargebracht und um Gerechtigkeit und Frieden für die gesamte Menschheit gebeten.

26. Oktober – Fest der Göttin Hathor
Alt-ägyptische Göttin für Liebe, Schönheit und Schicksal, Kunst und Kultur, zugleich Herrscherin über die Unterwelt. Hathor's Gesetz ist die Metamorphose der Gegensätze in ihr Gegenteil, wie es im Großen Arkanum des Tarot dargestellt ist. I Ging ist ebenfalls ein Buch des Wandels. Beide Orakel geben Auskunft über das Wirken der Kräfte des Schicksals.

31. Oktober – Samhain
In der Nacht auf Samhain sind die Grenzen zwischen den Welten geöffnet. Die Nacht für Kontakt mit verstorbenen Freunden und Familienangehörigen im Traum nutzen, wenn man das will.

Literatur

Pietro Bandini, Voodoo, 1999
Mikhael Bulgakov, Der Meister und Margarita, 1978
Paul Busson, Die Wiedergeburt des Melchior Dronte, 2017
Benita Cantieni, Tiger-Feeling, 2000
Carlos Castaneda, Das Feuer von Innen, 1987
Edgar Cayce, Über Sexualität und Erleuchtung, 1989
Claire, Magische Heilkunst, 2017
Daniel Dufour, Das verlassene Kind, 2012
Sergius Golowin, Die weisen Frauen, 1989
Michael Harner, Der Weg des Schamanen, 2013
Ulrike Hegers, Bauchtanz, 1987
Oskar Hodosi, Licht-Tantra, 1996
Erik Hornung, Geist der Pharaonenzeit, 1992
Richard L. Johnson, Ich schreibe mir die Seele frei, 1995
Serge Kahili King, Der Stadtschamane, 1991
Peter Kelder, Die fünf Tibeter, 2011
Olga Kharitidi, Samarkand, 2005
Maria Langwasser, Hexenwissen alt & neu, 2012
Arno Plack, Die Gesellschaft und das Böse, 1991
Heinz-Peter Röhr, Wege aus der Abhängigkeit, 2010
Samuel Sagan, Rückführung – kostenlos bei: clairvision.org
Dietrich Schwanitz, Die Geschichte Europas, 2003
Idries Shah, Magie des Ostens, 1994
S. Sharamon, B. Baginski, Das Chakra Handbuch, 1989
José Silva, Robert B. Stone, Der Silva Mind Schlüssel zum
          inneren Helfer, 2004
Lillian Too, Feng Shui Lebensplaner, 2006
Tenzin Wangyal Rinpoche, Übung der Nacht, 2008
Richard Webster, Schütze Dich!, 2011
Claudia von Werlhof, Die Verkehrung, 2011
Eva Wlodarek, Weil du es dir wert bist, 2009
Kareen Zebroff, Yoga für Jeden, 1975

Die Autorin bezeichnet sich selbst als Solitary-Wicca. Nach ihrem Studium an der FU-Berlin befasste sie sich mit fernöstlichen und orientalischen Philosophien und Religionen sowie Taoismus und die alt-ägyptische Religion zwecks Suche nach dem Sinn des Lebens hinter den verborgenen Zusammen-hängen der Realität.

Yoga, Meditation, Orientalischer Tanz und andere östliche Übungen für Körper und Geist erweiterten ebenfalls das Bewusstsein und wirkten als Hilfe bei der Problemlösung und Orientierungssuche im Alltag.

Sie ist Mitglied in der Fellowship of Isis, Irland, einer Gemeinschaft zur Verehrung der Göttin.

Weitere Bücher von Shakti Morgane:
Die Lichtwesen des Tarot, ISBN 9783839116432
Die Richtung der Kraft & Tarot. Der Schlüssel zur Magie, ISBN 9783848221042
Orientalischer Tanz und Ekstase & Kalender der Göttin, ISBN 9783842364400
Hexenmondin, ISBN 9783744820967
Hexenflug, ISBN 9783752809527
Die Glücksfresser, ISBN 9783839103395
Kalender der Göttin, ISBN 9783741210693
Buch der Schatten, ISBN 9783739234748
Hexenkalender, ISBN 9783759720863
Hexenweisheit, ISBN 9783756244553